Weitere Titel siehe letzte Seite.

Ein WAS IST WAS Buch

Die Wikinger

Von Hildegard Elsner

Illustrationen von Nikolai Smirnov und Oleg Yudin

Fund von 42 Bronzepatrizen, die dem Goldschmied der Wikingerzeit zur Prägung von Rohformen aus Silber- und Goldblech dienten.

TESSLOFF

Vorwort

In der Wikingerzeit von 800 bis 1100 n. Chr. spielten die Skandinavier – Norweger, Dänen und Schweden – als Räuber, Händler, Eroberer und Siedler in der Geschichte Europas eine Hauptrolle. Wikinger nannte man in Skandinavien die Männer, die von ihrer Heimat aus mit ihren Schiffen zu Beutezügen, Ruhm und Abenteuer aufbrachen und dann wieder zu ihren Wohnsitzen zurückkehrten. Die Wikingerzeit war keine schöne, friedfertige, sondern eine kriegerische, aber auch spannende Epoche in der europäischen Geschichte. Sie war vor allem eine Zeit großer, unglaublich abenteuerlicher Seereisen kühner skandinavischer Seeleute, die mit ihren offenen, aber seetüchtigen Schiffen alle erreichbaren Gewässer der nördlichen Halbkugel befuhren: vom äußersten Nordwesten des Atlantik über die Flüsse Dnjepr und Wolga bis tief nach Russland hinein zum Schwarzen und sogar zum Kaspischen Meer.

Raubwikinger schlossen sich anfangs in kleinen, dann größeren, schließlich riesigen Wikingerverbänden zusammen und überfielen und plünderten Kirchen und Klöster sowie reiche Handelsplätze in Westeuropa. Städte wie Hamburg, Köln, Trier, Mainz, London, Paris, Cádiz in Spanien und sogar Pisa in Italien wurden angegriffen und gebrandschatzt. Wikingische Normannen eroberten Süditalien und Sizilien und schufen dort ein Reich.

Wikingische Auswanderer gründeten neue Siedlungen in Irland, Russland, Frankreich, England, auf Island und den nordatlantischen Inseln. Um 1000 n. Chr. gelangten skandinavische Entdecker – 500 Jahre vor Kolumbus – von Grönland aus an die Küste des bis dahin unbekannten Amerika und versuchten sich dort anzusiedeln. Erst als die Skandinavier Christen geworden waren, ging um 1100 n. Chr. die Wikingerzeit zu Ende.

WAS IST WAS

BAND 58

Dieses Buch ist auf chlorfrei gebleichtem Papier gedruckt.

Bildquellennachweis:

Fotos: AKG, Berlin: S. 45mr, Argus, Hamburg: S. 5u; BPK, Berlin: S. 17um, 19u (Osebergschiff), 20u, 25m, 41om (Axt), 45ur, 46ul; British Museum, London: S. 11ul (Spange), 15ol, 43mr; Bulls Press, Frankfurt: S. 47mr; Corbis, Düsseldorf: S. 2, 6or, 13o, 19m (Gokstadschiff), 24o, 25ol, 27ml, 29or, 30o, 34ul, 35ul, 38ol, 43m, 44ol; Den Antikvariske Samling I Ribe – Dänemark: S. 11u, 16ul, ; Haholmen Havstuer, Averoy – Norwegen: S. 19o, 47o; Kulturen, Lund – Schweden: S. 6mr; 14ur, Mats Wibe Lund, Reykjavik – Island: S. 6u; Moesgard Museum, Hojbjerg – Dänemark: S. 7or, 17or; Nationalmuseet, Kopenhagen - Dänemark: S. 7ml, 10or, 11um (Ringfibel), 33ol, 41ml (Kelch); National Museum of Iceland: S. 41mr (Brosche); NMS Enterprises Ltd., Edinburgh, UK: S. 4or; Picture Alliance, Frankfurt: S. 36o, 47ul; Pierpont Morgan Library/Art Resource, NY – USA: S. 27u ; Statens Historika Museum, Stockholm – Schweden: S. 9or, 11ol, 11om, 11m, 16ur, 17ol, 22m, 26or, 33or, 40mr, 41ul (2), 45m (Birka), 46o; Stiftung Schleswig-Holsteinisches Landesmuseum, Schloß Gottorf, Schleswig: S. 1, 9ur, 10ur, 11or, 20o, 26ul, 39ur, 42 (3), 43ol, 46o; Universitetet I Bergen – Norwegen: S. 9ol; Universitetet I Oslo – Norwegen: S. 23ol, 26ol, 40u, 43u (2), 44or; Zefa, Düsseldorf: S. 50+m.

Umschlagfotos: BPK, Berlin; Universitetet I Oslo – Norwegen

Illustrationen: Nikolai Smirnov und Oleg Yudin, Frank Kliemt (Karten u. S. 21)

Grafik: Michaela Brüssel u. Johannes Blendinger, Nürnberg

www.tessloff.com • www.wasistwas.de

ISBN-10: 3-7886-0298-8

ISBN-13: 978-3-7886-0298-7

Inhalt

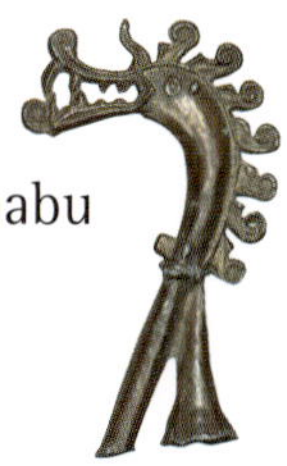

Die Wikinger in der Heimat

Wer waren die Wikinger?

Die Wikinger waren kein Volk und kein Stamm, sondern die Vorfahren der heutigen Skandinavier, die in der Wikingerzeit von 800 bis 1100 n. Chr. in den Küstenregionen Dänemarks, Schwedens und Norwegens lebten.

Das Wort „vikingr" kommt aus dem Nordischen und hat die allgemeinere Bedeutung „Seekrieger", „Heerfahrt zur See", „Pirat". In Skandinavien nannte man die Männer „Wikinger", die von ihrer Heimat aus mit ihren Schiffen zu Beutezügen, Ruhm und Abenteuer ins übrige Europa aufbrachen und dann wieder zu ihren Wohnsitzen in der Heimat zurückkehrten.

Jedoch war die Wikingerzeit in der nordischen Geschichte nicht nur ein Zeitalter der Seeräuberei, denn der größte Teil der Bevölkerung Skandinaviens blieb in der Heimat zurück und lebte genau wie ihre Vorfahren als Bauern, Jäger, Fallensteller, Fischer und Handwerker. Hier wurden die Felder bestellt, das Vieh versorgt, Vorräte für den Winter gesammelt, Warenlager für die Händler angelegt sowie Schiffe gebaut und ausgerüstet. Damit wurden die Grundlagen geschaffen, die den Piraten ihre Seefahrten überhaupt erst ermöglichten.

„Vikingr"

Von Jarlshof auf den Shetland Inseln stammt dieses auf eine Kalksteinplatte geritzte Porträt eines Wikingers. Für die rauen Männer aus dem Norden hatten die Völker in Europa ganz unterschiedliche Namen. Bei den Franken hießen sie „Normanni" („Männer aus dem Norden"), „Dani" oder „Wicingas" in England, „Rus" oder „Waräger" bei den Slawen in Russland. Die Araber nannten sie „Madjus" – „heidnische Teufel".

Wie war die Heimat der Wikinger beschaffen?

Im Norden Europas, der Heimat der Wikinger, herrscht ein kühles, oft raues und unwirtliches Klima. Alles ist vom Meer geprägt. Die Wikinger lebten nicht in einem einzigen „Land" und

In ihrer Heimat führten die meisten Wikinger ein karges, arbeitsreiches Leben und ernährten sich hauptsächlich von Ackerbau und Viehzucht.

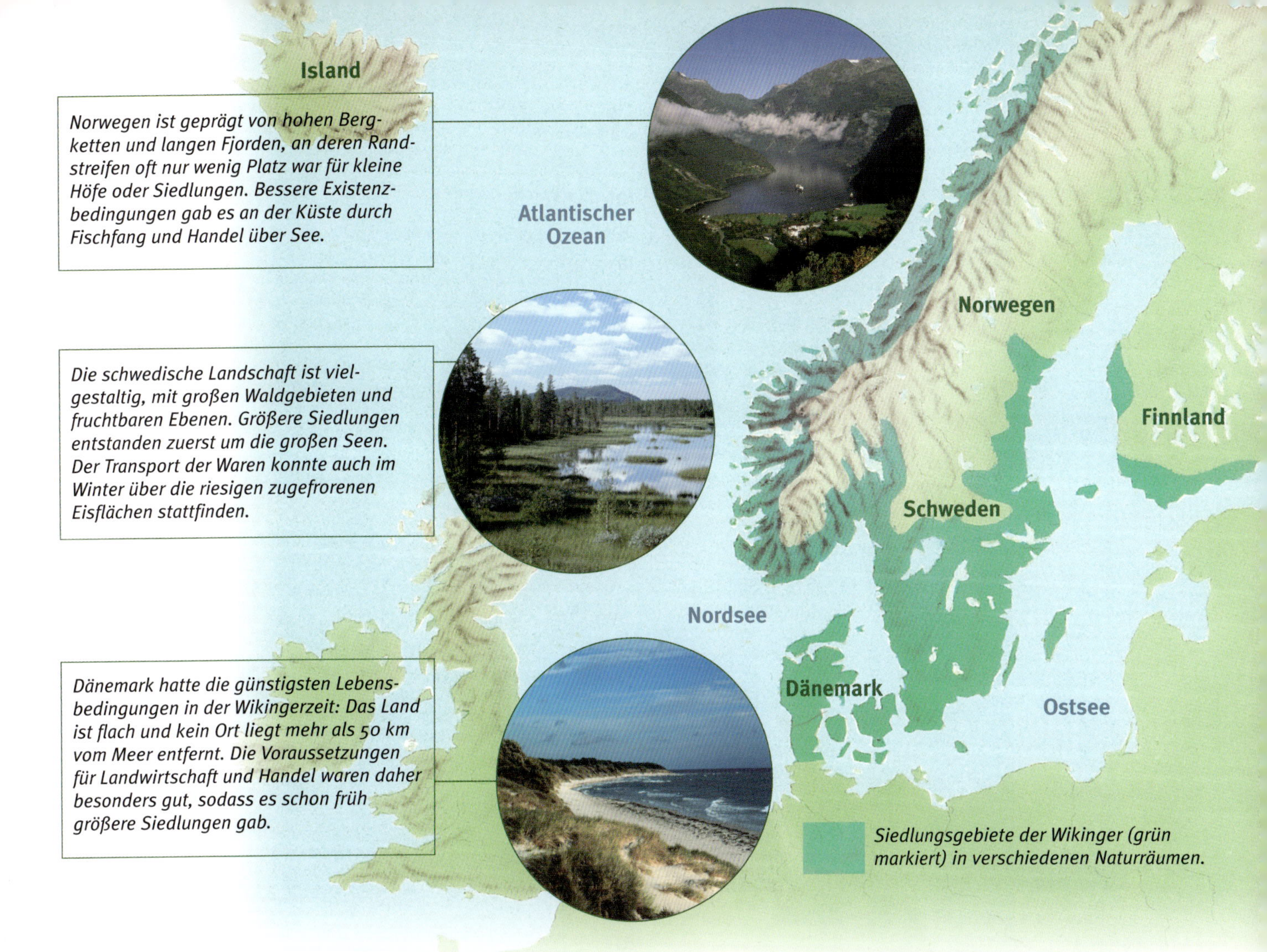

Norwegen ist geprägt von hohen Bergketten und langen Fjorden, an deren Randstreifen oft nur wenig Platz war für kleine Höfe oder Siedlungen. Bessere Existenzbedingungen gab es an der Küste durch Fischfang und Handel über See.

Die schwedische Landschaft ist vielgestaltig, mit großen Waldgebieten und fruchtbaren Ebenen. Größere Siedlungen entstanden zuerst um die großen Seen. Der Transport der Waren konnte auch im Winter über die riesigen zugefrorenen Eisflächen stattfinden.

Dänemark hatte die günstigsten Lebensbedingungen in der Wikingerzeit: Das Land ist flach und kein Ort liegt mehr als 50 km vom Meer entfernt. Die Voraussetzungen für Landwirtschaft und Handel waren daher besonders gut, sodass es schon früh größere Siedlungen gab.

Siedlungsgebiete der Wikinger (grün markiert) in verschiedenen Naturräumen.

bildeten auch keinen Staat, sondern siedelten ursprünglich auf mehreren Landstrichen und in kleineren Gebieten im heutigen Dänemark, Norwegen, Schweden, Finnland und auf der Insel Gotland, überall dort, wo sie nicht zu dicht bewaldetes, leicht zugängliches Land fanden. Landes- und Staatsgrenzen zwischen den einzelnen Gebieten wurden, außer im Süden Dänemarks, erst viel später festgelegt. Alle in Skandinavien lebenden Menschen sprachen damals noch die gleiche Sprache.

In der Wikingerzeit gab es nur wenige und oft schlechte Landwege in Skandinavien. Überall jedoch bot das Meer guten Seefahrern beste Möglichkeiten, nahe und ferne Ziele zu erreichen. Die unzähligen Inseln vor ihren Küsten dienten ihnen als Stützpunkte und erleichterten die Orientierung. Die besten Seeleute und die tüchtigsten Schiffbauer im damaligen Europa kamen aus Skandinavien.

Auf einem größeren wikingerzeitlichen Bauernhof in Skandinavien gab es Gebäude für jeden Zweck. Es war dort nicht mehr üblich, in einem Gebäude Wohnteil und Stallteil gemeinsam unterzubringen. Als Wohnhaus für die Familie des Hofbesitzers errichtete man ein Giebelhaus mit rechteckigem Grundriss und einem großen Wohnraum. Das Dach wurde mit Rasensoden, Stroh, Reet oder Holzschindeln gedeckt. Fenster gab es nicht, höchstens eine kleine Öffnung im Giebel, das „Windauge" (hiervon leitet sich das englische Wort für Fenster, „window", ab). Der Fußboden im Innern des Hauses bestand aus gestampftem Lehm, in der Mitte befand sich die Herdstelle, eine Lage mit Lehm überkleideter Steine, worauf ein offenes Feuer brannte. Der Herd war Wärme- und Lichtquelle zugleich und hier wurde gekocht. Meistens hing an einem Haken über dem Herd ein großer eiserner oder kupferner Kessel, der ein Fassungsvermögen von vier bis sechs Litern hatte. Töpfe für verschiedene Speisen wurden an den

Wie sahen Haus und Hof der Wikinger aus?

Diesen Haustyp mit gebogenem First und Schindeldach haben die Wikinger vielfach in Südschweden und Dänemark gebaut (Rekonstruktion aus der Wikingerburg Fyrkat).

Das offene Herdfeuer war Licht- und Wärmequelle im fensterlosen Wikingerhaus. Um diesen Mittelpunkt versammelte sich die Hausgemeinschaft.

Haus- und Hofbau

Haus- und Hofbau der Wikinger richteten sich nach Klima, Verfügbarkeit der Baustoffe und gewohnten Bautraditionen. Im waldreichen Norwegen baute man ganz mit Holz, im baumarmen Dänemark errichtete man nur die tragenden Hauselemente aus Holz und machte die Hauswände aus mit Lehm gedichtetem Flechtwerk. Unser Wort „Wand" kommt von „winden", also von „flechten". Auf den baumlosen Inseln des Nordatlantik hatten Wikingerhöfe doppelte Steinmauern, deren Zwischenräume zur Wärmeisolierung mit Erde gefüllt waren. Die Rasensodendächer reichten dort bis zum Boden und schützten die Häuser wie riesige Pelzmützen vor den eisigen Winden. Auf Grönland baute man Häuser mit über drei Meter dicken Wänden aus Torfsoden. Auf Island sahen die großen, aber niedrigen Häuser mit Nebenbauten (unten der 1939 ausgegrabene und rekonstruierte Hof Stöng in Südisland) eher wie grasbewachsene Hügel aus, da man sehr sparsam mit Bauholz umgehen musste.

Mit **Schlössern** schützten die Wikinger ihr Eigentum gegen Diebstahl. Abschließbare Haustüren sicherten das Haus. Die Hausfrau trug zum Zeichen ihrer Würde den Hausschlüssel am Gürtel. Mit einfachen Holzschlüsseln (links) verschloss man Nebengebäude. Kunstvoll gegossene Bronzeschlüssel (unten) gehörten zu wertvollen Kästen und Truhen der Reichen.

Rand der Glut gestellt. An die Außenwände angelehnt waren über die gesamte Länge des Hauses zu beiden Seiten niedrige, mit Erde gefüllte Holzbänke angebracht. Darauf lagen Felle, schwere Wolldecken und auch schon einmal richtige Federkissen, denn hier wurde gegessen, gearbeitet und geschlafen.

Ein wohlhabender Hausherr oder Häuptling ließ sich in der Mitte hinter dem Herd einen erhöhten Platz bauen, den berühmten „Hochsitz", geschmückt mit reich verzierten Pfosten. Es gab sonst wenig andere Möbel.

Zum Hof gehörten ein Stallgebäude, oftmals auch ein Haus für Knechte und Mägde, eine Scheune und mehrere Schuppen, manchmal ein Backofen und sogar ein Baderaum oder eine Sauna. Einige Höfe hatten auch eine Eisenschmelze, in der man Eisenerz und Roheisen verarbeiten konnte. Zum Schutz gegen wilde Tiere, aber auch gegen feindliche Besucher umgab man das Gehöft mit einem Zaun aus starken Holzpalisaden, die Viehweiden friedete man mit Flechtzäunen ein.

Der rekonstruierte Wohnraum eines Hauses von Haithabu mit dem Herd in der Mitte. An der Wand lehnt ein Hochwebstuhl.

Wovon lebten die Wikinger zu Hause?

Die Lebensbedingungen in Skandinavien waren karg. Besonders am Ende des Winters, wenn alle Vorräte aufgegessen waren, musste man oft wochenlang schlimmen Hunger leiden und manche der Armen verhungerten. Die meisten Skandinavier waren wie ihre Vorfahren Bauern und lebten bescheiden von Ackerbau und Viehzucht. Als Getreide bauten sie Gerste, Roggen, ein wenig Hafer und in milden Lagen wohl auch einmal Weizen an. Sie zogen Ackererbsen, Bohnen, Kohl und Zwiebeln und sammelten und verwendeten in großen Mengen wilde Früchte, Pflanzen und Kräuter.

Als Nutztiere hielten sie Schweine, Ziegen, Schafe, Rinder und Pferde, deren Fleisch sie aßen. Ziegen und Rinder waren Milchlieferanten, Schafe gaben Wolle. Mit einem Ochsengespann wurden die Felder bestellt, die Ernte eingebracht und das Holz aus dem Wald geholt. Pferde dienten als Reit- und Lasttiere für Transporte in unwegsame Gegenden. Als Geflügel hatte man auf den Höfen Hühner und Gänse. Hunde waren unverzichtbare Wächter auf dem Hof, halfen den Schäfern auf der Weide und begleiteten, sorgfältig abgerichtet, die Jäger.

Die Küstenbewohner, vor allem in Westnorwegen an den Mündungen der Fjorde und auf Island, lebten überwiegend von der Fischerei. Zur Hauptfangsaison kamen auch viele Männer aus den entlegeneren Tälern und inneren Buchten der Fjorde zu den großen Fischersiedlungen und beteiligten sich am Fischfang. Hauptfanggut waren die großen Seefische: Dorsch, Kabeljau, Schellfisch und massenweise Heringe. Überall in Skandinavien stellte man Vögeln nach, sammelte Federn, Daunen und Eier. Junge Falken wurden gefangen und lebend an die europäischen Fürstenhöfe zur Abrichtung als Jagdfalken verkauft. In den Hochmooren Schwedens und Norwegens gewann man hochwertiges Eisenerz, das zumeist an Ort und Stelle zu Eisen verhüttet und in Barrenform gehandelt wurde. Daraus konnte man auf den kleineren Bergbauernhöfen, auf denen man sonst kaum das Nötigste zum Überleben erwirtschaftete, gute zusätzliche Einnahmen erzielen.

Robbenjäger verdienten gut, denn Robbenfelle waren ein sehr begehrtes Handelsgut, weil sie sich zu wärmender Kleidung verarbeiten ließen. Man jagte auch Wale und Walrosse. Wale lieferten Fleisch, Tran und Häute, Walrosszähne wurden als Elfenbein-Ersatz verkauft. Aus Walrosshaut fertigte man die besten und stärksten Schiffstaue. Jäger und Fallensteller machten Jagd auf Pelztiere, vor allem Eichhörnchen, Füchse, Marder und die wertvollen Hermeline und Zobel. Als Großwild jagte man Bären, Hirsche, Elche und Rentiere.

Frisch gefangene Dorsche wurden in der salzhaltigen Seeluft zu „Stockfisch“ getrocknet, einem haltbaren Lebensmittel und wertvollen Reiseproviant.

Welche häuslichen Arbeiten waren zu tun?

Die Wikinger waren Selbstversorger. Möglichst alles, was sie zum Leben benötigten, wurde auf dem Hof erzeugt. Die Tontöpfe, die man täglich brauchte, töpferten die Frauen selbst. Den Eisen- oder Kupferkessel dagegen mussten sie beim Schmied kaufen und bei Händlern die wertvollen Töpfe aus norwegischem Speckstein, die sich nur Wohlhabende leisten konnten. Gewöhnlich wurden zwei Mahlzeiten täglich zubereitet. Getreide war das Grundnahrungsmittel. Am Morgen gab es eine eintönige Gersten-, Hirse- oder Hafergrütze. Das dazu benötigte Korn musste vorher stundenlang in einer steinernen Handmühle gemahlen werden. Diese mühselige Arbeit verrichteten Mägde oder Sklavinnen.

Diese schön verzierte Walbeinplatte hat eine reiche Frau wahrscheinlich als Bügelbrett benutzt. Mit dem gläsernen Glättstein wurden Plisseefalten in die leinenen Untergewänder der vornehmen Frauen „gebügelt“.

Wenn es Abend wurde, versammelte sich die Familie um das Herdfeuer zur Hauptmahlzeit. Es gab dann zum Beispiel einen Suppeneintopf, Fisch oder Fleisch gekocht oder gegrillt und in guten Zeiten vielleicht frisch gebackenes Brot. Ein wenig Abwechslung in das tägliche Nahrungseinerlei brachten frische oder getrocknete Wildfrüchte. Beim Essen besaß jedes Familienmitglied, auch die Kinder, sein eigenes Messer und einen Löffel aus Holz oder Knochen. Man aß gemeinsam aus dem großen Topf. Essgabeln kannte man nicht, sondern langte mit den Fingern zu. Trinkschalen und Becher waren aus Holz oder Ton, aber man benutzte auch Trinkhörner.

Solche „Tatinger Kannen“ wurden im Fränkischen Reich hergestellt. Nur reiche Wikinger konnten sie bezahlen (Fundort Birka).

Die Frauen hatten außerdem die Aufgabe, alle Familienmitglieder mit Kleidung auszustatten. Jedes Mädchen musste schon früh alle Textiltechniken erlernen – vom Spinnen und Färben der Garne über das Weben der Stoffe bis zum Nähen der Kleidungsstücke.

Vorratshaltung

Vorratshaltung und Haltbarmachen der Nahrungsmittel gehörten zum Grundwissen einer jeden Hausfrau in der Wikingerzeit. Nur mit genügend Vorräten daheim konnten die Menschen die langen Winter überstehen, und für längere Land- oder Seereisen benötigten sie ohnehin haltbaren Proviant. Fleisch und Fettfische wurden eingesalzen oder geräuchert, magere Fische und Würste an der Luft getrocknet. Gab es Milch, bereiteten die Frauen den haltbaren Quark „Skyr“ und auch ein wenig Butter zu. Aus Gerstenmalz und Gagel oder Hopfen wurde Bier gebraut, das haltbar genug war, um es als Reiseproviant mitzunehmen. Bohnen, Zwiebeln und Wildfrüchte wurden getrocknet, Nüsse in großen Mengen gesammelt. Außer dem Honig der Waldbienen, der ebenfalls mühevoll gesammelt werden musste, gab es kein Süßungsmittel. Gesüßt wurde deshalb nichts bis auf den berühmten Met, ein alkoholisches Getränk nur für Festtage.

Frauen trugen über einem langen Hemd einen Trägerrock, den sie mit zwei Schalenspangen befestigten.

Wie kleideten sich die Wikinger?

Welche Kleidung die Wikinger trugen, hing ganz von ihrer gesellschaftlichen Stellung ab. Knechte, Mägde und erst recht Sklaven besaßen nur die allernotwendigsten einfachen Kleidungsstücke aus grobem Wollstoff: ein weit geschnittenes, knöchellanges Ärmelkleid, in dem man sich bei der Arbeit gut bewegen konnte, und vielleicht einen Umhang.

Die freien Männer trugen Unterhemd und Hose, darüber eine knielange Tunika mit einem Gürtel. Für kaltes Wetter gab es ein eng anliegendes Arbeitswams aus kräftigem Wollstoff mit langen Ärmeln und einer angenähten Kapuze, die besonders notwendig für Seeleute war.

Frauen trugen über einem bodenlangen Unterhemd aus gefärbter Wolle einen Trägerrock aus feinerem Wollstoff, dessen Schulterträger sie mit zwei durch eine Kette verbundene Schalenspangen aus Bronze befestigten. Für den Winter hatten sie einen langen Mantel mit Kapuze aus gewalktem Wollstoff, der Wind und Nässe abhielt, meistens mit gröberem Wollstoff gefüttert war und zusätzlich noch eine Futterfüllung aus Daunen oder Federn haben konnte. Die erfinderischen Wikingerfrauen nutzten schon vor tausend Jahren das Prinzip mit Daunen gefütterter Parkas!

Die Vornehmen und Reichen trugen viel kostbarere Kleidungsstücke, die aus feinen und wertvollen Stoffen hergestellt waren. Die Frauen besaßen Unterkleider aus gefärbtem, oft sogar fein plissiertem Leinen. Ihre Obergewänder waren Figur betonend eng geschnitten, denn sie mussten keine schwere körperliche Arbeit darin verrichten. Frauen und Männer dieser Schicht konnten sich Gewänder leisten, die mit farbigen Zierflechten, kunstvoll gewebten Borten oder sogar Seidenbändern geschmückt waren. Im Winter trug man Mützen aus Wolle oder Pelzen und auch Pelzmäntel.

Über der langen Hose trugen Männer eine knielange Tunika mit Gürtel.

Rekonstruktion einer vornehmen Männertracht.

Schuhwerk

Während Sklaven kaum jemals Schuhe besaßen und sommers wie winters barfuß gehen mussten, hatten die freien Männer und Frauen Schuhe oder kurze Stiefel aus kräftigem Rindsleder. Für die Oberschicht wurden sogar Schuhe und Stiefeletten aus weichem, geschmeidigem Ziegenleder angefertigt. Anhand von Lederfunden von Haithabu ließen sich Schuhe der Wikinger originalgetreu nacharbeiten: Während das Modell in der Mitte die normale Fußbekleidung war, wirkt der Kinderschuh elegant und das Modell rechts ausgesprochen modisch.

SCHMUCK

Die Wikingerfrauen liebten es, sich reich zu schmücken, und die Feinschmiede schufen für sie eine große Palette faszinierend schöner Schmuckstücke. Verglichen damit war der Schmuck der Männer recht karg. Männer trugen gewöhnlich nur eine einzige Fibel oder eine Gewandnadel.

Fibeln und Gewandnadeln

Wichtige Utensilien für die Kleidung der Wikinger waren die Fibel (Sicherheitsnadel mit Brosche) und die Gewandnadel. Männer und Frauen benutzten sie, um ihre Kleidung zu befestigen und zu drapieren. Während Ärmere sich mit einfa-

chen, preiswerten Fibeln behalfen, besaßen reiche Frauen aufwändig gestaltete, kostbare Fibeln wie zum Beispiel die bronzevergoldete Dosenfibel aus Gotland oder die Gleicharmfibel.

Gleicharmfibel

Waagerecht aufgesteckt, verschloss man mit dieser Fibel einen ärmellosen Umhang.

Scheibenfibel

Diese runden Fibeln, ebenfalls paarweise zu tragen, wurden im 10. Jahrhundert modern. Die kostbarsten Stücke waren aus Silber oder sogar Gold gefertigt und kunstvoll verziert. Die goldene „Terslev-Fibel“ unten wurde mit einer zweiten

gleichen Fibel in Haithabu im Grab einer Fürstin gefunden und ist eines der wertvollsten Schmuckstücke aus der Wikingerzeit.

Halskette aus Karneol- und Bergkristallperlen mit Silberanhängern

Schalenspangen

Die ovalen, etwa 10 cm langen Schalenspangen waren reich mit Ornamenten geschmückt. Sie wurden paarweise getragen und die Frauen befestigten damit die lose gearbeiteten Träger ihres Obergewandes unterhalb der Schultern. Sie waren ein spezieller Schmuck wohlhabender Frauen und wurden je nach Kaufkraft der Trägerin aus Bronze, feuervergoldeter Bronze oder sogar Silber angefertigt.

Gewandnadel aus Knochen mit einem geschnitzten Ornament im Ringerike-Stil. Gesichert wurde die Nadel mit einem durch die Öse gezogenen Faden.

Ringfibel

Die Ringfibel war das wichtigste Männerschmuckstück, mit dem man auf der rechten Schulter – um im Notfall den Schwertarm frei zu haben – den ärmellosen Umhang zusammenhielt.

Perlen

Zum Frauenschmuck gehörten oftmals auch Halsketten aus bunten Glasperlen, die zu Tausenden hergestellt wurden. Die Herstellungsmethode war stets gleich: Glasscherben (Bruchglas) dienten als Rohmaterial für die Perlen. Um verschiedene Farbtöne und Schattierungen zu erreichen, wurden kleine Würfel aus bunt gefärbtem Glas, die man aus Italien importierte, beim Schmelzprozess hinzugefügt. Ribe ist zur Wikingerzeit ein Zentrum der Perlenmacher gewesen.

Wie war die Gesellschaft geordnet?

Zur Wikingerzeit gab es in Skandinavien noch keinen Staat. Daher war die Sippe, der große Familienverband aller Verwandten, die starke Schutzmacht im Leben aller freien Männer und Frauen. Ein Mann musste nicht nur seine eigene Ehre, sondern auch die Ehre der Sippe wahren und verteidigen.

In der skandinavischen Gesellschaft herrschte eine strikte Rangordnung. Der Anführer einer mächtigen Sippe war der „Jarl". Zu Beginn der Wikingerzeit gab es in Skandinavien noch kein erbliches Königtum. Besonders tatkräftige, mächtige und reiche Jarle wurden von den Freien zum Häuptling in eine königliche Stellung gewählt und mussten dann diese durch besondere Leistungen behaupten und festigen. Waren sie dazu unfähig oder bei ihren Unternehmungen erfolglos, leistete man ihnen keinen Gehorsam oder wählte einen Geeigneteren zum König.

Die freien, erwachsenen Männer waren die „karlar", sie durften Waffen tragen und waren zumeist Bauern mit eigenem Land. Auch Jäger, Fischer oder Handwerker waren freie, waffenfähige Männer. Die Frauen der Jarle, aber auch der freien Männer wurden mit Respekt behandelt. Sie waren die geachteten Herrinnen des Hauses und trafen hier alle Entscheidungen. Waren ihre Männer auf Wiking- oder Handelsfahrt, besorgten sie Haus und Hof allein. In der Gesellschaft hatten sie jedoch nicht die gleichen Rechte wie die Männer.

Die Unterschicht bildeten die Besitzlosen, die sich als Knechte und Mägde auf den Höfen durchschlagen mussten oder aber von Kaufleuten und Handwerkern beschäftigt wurden.

Sklaven

Auf der untersten Gesellschaftsstufe standen die Sklaven, die „thraells". Sie waren oftmals als Kriegsbeute auf Raub- und Plünderungszügen gefangen genommen worden und vollkommen rechtlos. Mit kurz geschorenen Haaren und in grober Kleidung mussten sie die schwersten und schmutzigsten Arbeiten verrichten.

In Norwegen lebten die Wikinger zumeist auf Einzelgehöften, aber in Dänemark entstanden aus mehreren benachbarten Höfen schon kleine Dorfgemeinschaften.

Thingvellir auf Island ist die berühmteste Thingstätte der Wikingerwelt. Hier tagte jährlich für zwei Wochen das Althing, die Versammlung aller freien Isländer.

Blutrache

Bei Mord übten die Sippen oftmals, ohne das Thing anzurufen, unmittelbar Blutrache. Die Sippenehre verlangte es, denjenigen zu töten, durch den der Verwandte den Tod gefunden hatte, was wiederum Blutrache-Akte der Gegenseite nach sich zog. Ganze Sippen haben sich so wechselseitig ausgerottet.

Urteilssprüche

Urteile fällte das Thing nur dann, wenn ein Rechtsstreit der Versammlung vorgetragen wurde. Wer einen Totschlag begangen hatte, musste „Wergeld" („wer"= germanisch „Mann" – also „Manngeld") an die Sippe des Getöteten bezahlen. Für bestimmte Verbrechen lautete die Strafe „Verbannung auf Zeit". Bei schwersten Verbrechen, zum Beispiel Mord während einer erklärten Waffenruhe, setzte das Thing die schlimmste Strafe fest: Der Straftäter wurde geächtet, verlor seinen Besitz und alle Rechte eines Freien. Jeder durfte ihn straflos töten.

Wie waren Recht und Gesetz geregelt?

Recht und Gesetz waren für die Wikinger hohe Werte. Das Thing, die öffentliche Versammlung aller freien Männer eines Bezirks, war dafür zuständig. Es tagte regelmäßig zu festgelegten Zeiten unter freiem Himmel, um über wichtige politische Angelegenheiten zu beraten, Gesetze zu beschließen und Recht zu sprechen. Alle Waffen tragenden Männer waren verpflichtet, persönlich zu erscheinen oder einen Stellvertreter zu entsenden. Die Alten oder der Gesetzessprecher leiteten die Versammlung. Kläger trugen dem Thing ihre Rechtsstreitigkeiten vor. Man kannte kein Verhör und die Angeklagten verteidigten sich selbst. Nach eingehender gemeinsamer Beratung fällte die Versammlung schließlich den Urteilsspruch.

Es gab keine Polizei und keine Gefängnisse, Gesetzesbrecher konnten daher nicht eingesperrt werden. Sie mussten je nach Schwere der Tat eine Buße bezahlen. Das Thing verkündete zwar das Urteil, besaß aber keine Machtmittel, um seine Beschlüsse durchzusetzen. Nach dem Urteilsspruch musste die geschädigte Partei das festgesetzte Bußgeld selbst eintreiben. Jedermann fühlte sich allerdings moralisch verpflichtet, die Entscheidungen des Things zu befolgen, wenn er nicht aus der Gemeinschaft der Freien ausgeschlossen werden wollte. Wurde ein Mann wegen eines schweren Vergehens vom Thing geächtet, dann wurde er schutzlos, ein Nichts in der Gesellschaft und war so elend wie ein Sklave.

Die freien Männer kamen regelmäßig zum Thing, um über Recht und Gesetz zu beraten und zu beschließen.

Sportliche Wettkämpfe wie das beliebte Steinestoßen gehörten zu den Festen der lebensfrohen Wikinger.

Körperliche Stärke, Geschicklichkeit und Ausdauer waren für einen Wikinger wichtige Eigenschaften, die er oft genug zum Überleben brauchte. Von Kindheit an wurden die Jungen spielerisch daran gewöhnt, ihre Kräfte zu üben und zu entwickeln. Die erwachsenen Männer hielten richtige Sportwettkämpfe ab, die viele Zuschauer anlockten. Beim Steineheben und -werfen, Wettlauf, Weitsprung, Bogenschießen, Speerwurf, Fechten und Schwimmen bewiesen sie ihr Können. Zugleich trainierten sie beim „Rövkrok" (Rangeln), „Skinndragning" (Tauziehen) und „Glimmabrottning" (Ringen) ihre Kräfte für den Mannkampf im Krieg.

Welche Eigenschaften schätzten die Wikinger?

Auch im schneereichen Winter wurde Sport getrieben. Mit Skiern aus Holz, die ein alltägliches Fortbewegungsmittel waren, und auf Eisgleitern aus Tierknochen glitt man im Wettlauf über die zugefrorenen Eisflächen von Flüssen und Seen. Aber nicht nur durch körperliche Fitness sollte ein Mann sich Achtung unter seinesgleichen erwerben, sondern auch, indem er Furchtlosigkeit, Zuverlässigkeit und Treue bewies. Klugheit und Redegewandtheit im Gespräch der Männer und in der Beratung auf dem Thing steigerten sein Ansehen. Wer diese hohen Werte der Wikinger verriet, verfiel der Ächtung durch die freien Männer, wie etwa der treulose Hroskil, dessen Schandtat sogar auf einem Runenstein den anderen Männern zur Lehre „verewigt" wurde: „Aber Hroskil verriet das Vertrauen eines Mannes, dem er durch Eide verpflichtet war."

Supersportler

Den norwegischen Wikingerkönig Olaf Tryggvasson (Regierungszeit: 995-1000) würden wir auch heute als Supersportler bezeichnen, obwohl uns seine Sportdisziplinen sehr fremd erscheinen. Er konnte unter anderem außenbords über die Riemen seines Drachenschiffes laufen, ohne das Gleichgewicht zu verlieren, während seine Männer ruderten. Mit drei scharfen Schwertern jonglierte er und warf mit beiden Händen gleichzeitig zwei Speere, um danach noch einen heranzischenden feindlichen Speer sicher abzufangen.

Auf Eisgleitern aus Tierknochen stieß man sich mit einem Stock mit Eisenspitze vorwärts. Kurven wie mit modernen Schlittschuhen konnte man damit nicht laufen.

Wikinger-Spiele

Die Wikinger vertrieben sich ihre Zeit gern mit Spielen. Mit Würfeln veranstalteten sie Glücksspiele, sie spielten auf Spielbrettern Setzspiele ähnlich dem Mühlespiel und Verfolgungsspiele wie „Wolf und Schäfchen". Berühmt war in ganz Skandinavien das „hnefatafl", ein Brettspiel mit verschiedenen Spielsteinen ähnlich dem Backgammon. Es war ein anspruchsvolles Spiel, das echtes taktisches Können erforderte. Durch das Schachspiel, das im 12. Jahrhundert in den Norden gelangte, wurde es verdrängt und geriet in Vergessenheit.

Aus kostbarem Walrosselfenbein geschnitzte Spielfiguren, die man auf den Hebriden fand.

Die Wikinger waren lebensfroh und liebten Vergnügungen und Feste. Das Julfest mitten im Winter dauerte zwölf Tage. Die Männer vermummten sich, zogen mit Masken vor dem Gesicht lärmend herum und trieben allerhand Schabernack. Zur Sommersonnenwende feierte man ebenfalls ausgiebig und brachte den Göttern Erntegaben als Dankopfer dar. Gutes und reichliches Essen sowie ein starker Met-Trunk, mit dem man sich einen schweren Rausch antrinken konnte, machten die Feste erst richtig schön! Außerdem gehörte auch Unterhaltung durch gute Geschichten und kunstvolle Gedichte dazu. Die Sänger und Dichter hießen Skalden. Ein Skalde war ein wandernder Dichter und ebenso hoch geachtet wie ein tüchtiger Krieger. Skalden dienten oft bei Fürsten, die sie in Lob- und Preisliedern verherrlichten. Sie genossen Redefreiheit und durften ungestraft loben und tadeln.

Skalden waren geachtete Sänger und Dichter, die an Königs- und Fürstenhöfen die Vornehmen mit kunstvollen Erzählungen und Liedern unterhielten.

Gastfreundschaft

Macht Platz am Feuer für den Fremden,
seine Knie sind vor Kälte steif.
Auch Kost braucht und Kleidung,
wer über Berge gewandert.
(aus Hávámal, Sammlung von Lebensweisheiten der Wikinger)

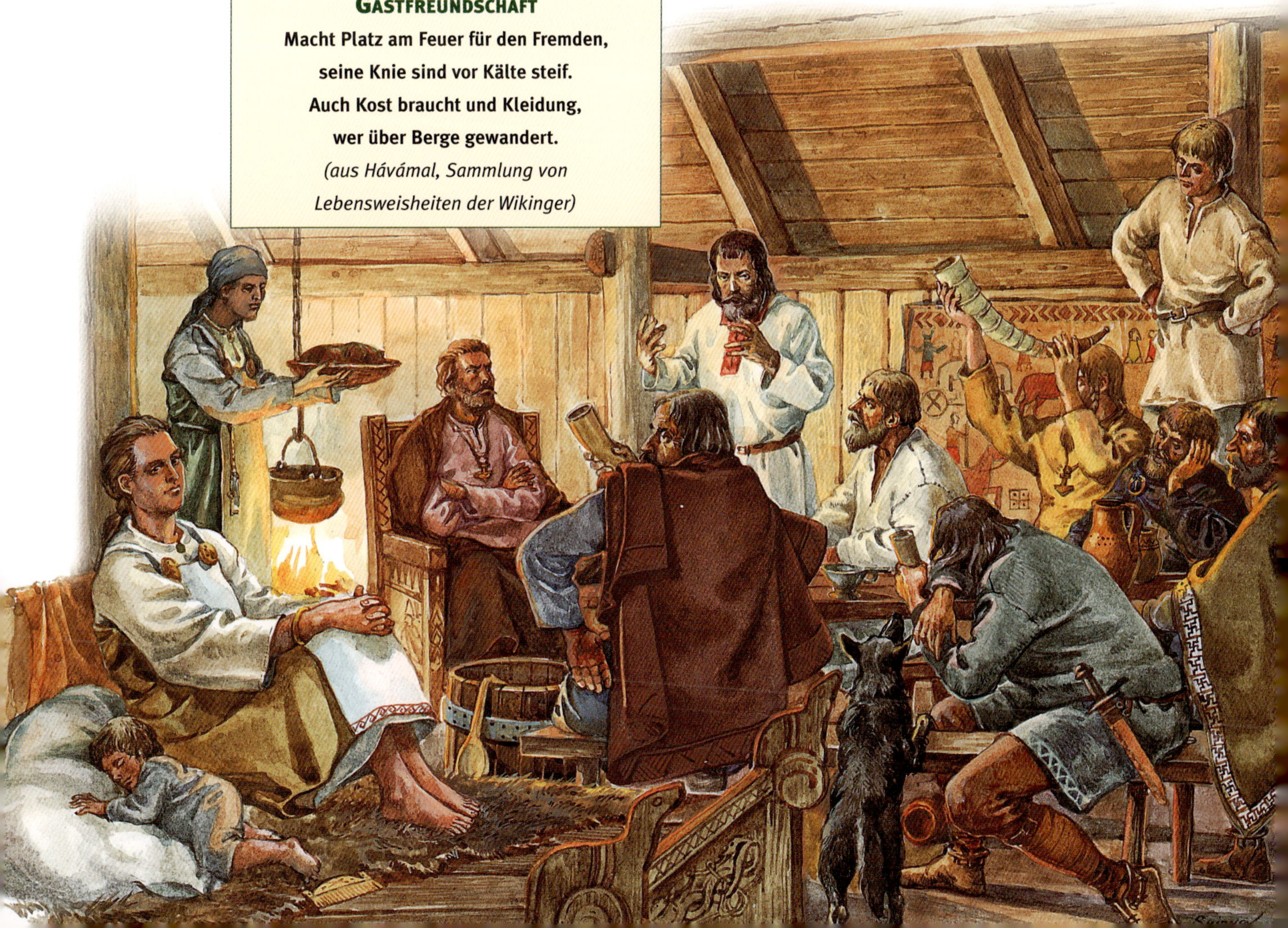

Die Götter der Wikinger

Die wichtigsten Götter waren der machtvolle Göttervater Odin und der starke Thor. Dieser göttliche Raufbold wurde besonders geliebt und verehrt.

Edda

Aus den Isländersagas und den Liedern des Buches „Edda“ des isländischen Geschichtsschreibers Snorri Sturlusson (1179-1241) wissen wir etwas über die Religion, die zur Wikingerzeit in ganz Skandinavien verbreitet war. Man glaubte an eine vielfältige Götterwelt. Für jeden Lebensbereich gab es einen „zuständigen“ Gott oder eine Göttin, um deren Schutz und Segen man sich durch entsprechende Opfer bemühen musste. Während die christliche Religion auf Nächstenliebe, Demut und Frieden mit Gott und den Menschen gegründet ist, enthielt die Religion der Wikinger viele Elemente des Streites und Kampfes, weil das ihren Lebenserfahrungen entsprach.

Götterwelt

Die Welt war für die Wikinger der Schauplatz eines Dramas mit dunklem Ausgang: Nicht ewig ist die Welt, auch die Götter sind es nicht. Weder sind sie vollkommen noch schuldlos. Sie verkörpern Stärke, Härte und handeln oft aus Eigennutz – genau wie die Menschen. Seit dem Ursprung der Zeiten ist das Leben der Götter durch äußere und innere Feinde bedroht, auch in der Götterwelt gibt es Verhängnis, Meineid, Folter und Streit. Irgendwann wird es zum letzten Kampf der Götter mit den feindlichen Mächten kommen. Im Ragnarök, dem Weltuntergang, werden die Erde, die Götter und alle Lebewesen vernichtet. Für diesen letzten Kampf rüsten sich die Götter bereits. Auf ihrer Seite werden die tapfersten Menschenkrieger kämpfen und mit ihnen umkommen.

Das Amulett aus Bronze wird als Darstellung Odins mit den beiden Raben gedeutet.

Odin

Odin, der ranghöchste Gott, ist eine Schrecken erregende, dämonische und machtvolle Gestalt. Als Ahnherr aller Götter hat er auch die Menschen geschaffen: An einem Strand fand er zwei Bäume, die er zum Leben erweckte. Der eine wurde ein Mann, der andere eine Frau. Odin ist einäugig. Er opferte ein Auge, um vollkommene Weisheit zu erlangen und fand die magischen Runen. Könige, Jarle und ihre Skalden stehen unter seinem besonderen Schutz. Er besitzt den Speer Gugnir, der jedes Ziel trifft. Am Arm trägt er den Zauberring Draupnir, von dem in jeder neunten Nacht acht gleiche Ringe tropfen. Odin reitet den achtfüßigen grauen Hengst Sleipnir, der schneller läuft als alle anderen Pferde auf der Welt. Odins Raben Hugin (Gedanke) und Munin (Erinnerung) begleiten ihn und sitzen auf seiner Schulter. Jeden Morgen sendet er sie aus, damit sie ihrem Herrn mittags berichten können, was sie in der ganzen Welt gesehen haben.

Silbernes Thorshammer-Amulett aus Schweden (um 1000).

Thor

Thor ist der Sohn Odins und der stärkste der Götter. Er wird oft „der fahrende Gott“ genannt, weil die Menschen glauben, dass er mit seinem von zwei Ziegenböcken gezogenen Wagen über den Himmel fährt. Dann beben die Berge, die Felsen zerreißen und die Erde brennt

Njörd

Die Wikinger verehrten noch besonders Njörd, den Gott, der das Meer beherrscht und Winde und Feuer bezwingen kann. Er ist der Gott der kaufmännischen Unternehmungen und des Besitzes. Seine beiden Kinder sind Freyr und Freyja, die Götter der Fruchtbarkeit. Freyja wurde zur Wikingerzeit in ganz Skandinavien verehrt. „Freitag" hat übrigens nichts mit „frei" zu tun, vielmehr war dieser Tag der Göttin Freyja gewidmet.

Silberner Amulett-Anhänger. Die Frauenfigur mit einem Trinkhorn in der Hand könnte eine Walküre darstellen, die in Walhall, der Kriegerhalle Odins, einen Helden empfängt.

Tyr

Tyr, der Kriegsgott, war für die kriegerischen Wikinger ein sehr wichtiger Gott. Er ist der tapferste der Götter. Seine Lanze dient ihm als Waffe im Kampf, zugleich ist sie aber auch Zeichen seiner richterlichen Gewalt, denn er schützt das Recht in der Versammlung der Freien.

Eine Furcht einflößende Maske schmückt den wikingerzeitlichen Runenstein aus Arhus in Dänemark.

unter den Rädern. Wenn die Menschen diesen Lärm hören, sprechen sie vom „Dröhnen Thors" oder vom Donner. Thor wird deshalb auch Donar genannt. Er besitzt den Hammer Mjöllnir, den ihm die kunstfertigen Zwerge geschmiedet haben. Den kann er so groß oder klein machen, wie er will. Mjöllnir trifft immer, wenn er geworfen wird, und kommt daraufhin von selbst in die Hand Thors zurück.

Der Bildstein von Tjängvide zeigt im oberen Teil vielleicht den ehrenvollen Empfang eines Gefallenen in Walhall. Er darf auf Odins Pferd Sleipnir einreiten.

Opferkult

Die Wikinger dienten ihren Gottheiten an besonders schönen und geheimnisvollen Orten in der Natur: an Quellen, Teichen, Bäumen oder Hainen. Dort brachten sie ihnen Feldfrüchte und Tiere dar. Man kannte noch das Menschenopfer, das als höchstes Opfer galt: Nach einem Sieg wurden manches Mal gefangene Feinde als Dankopfer für die Hilfe der Götter getötet. Das Opfer war ein religiöses Fest der gesamten Gemeinschaft. Berufspriester gab es nicht. Die priesterlichen Aufgaben übernahmen jeweils die angesehensten Männer, entweder der Familienvater, der Jarl, der Heerführer oder beim vornehmsten Opfer der König selbst.

Die Wikinger als Schiffbauer und Seefahrer

Warum gingen die Skandinavier auf Wikingfahrt?

In Skandinavien hatten sich zu Beginn der Wikingerzeit die Lebensverhältnisse sehr verschlechtert. Die Bevölkerung war gewachsen, das nutzbare Land knapper geworden. Die Wikinger hatten viele Kinder – auch deshalb, weil es einem Mann gestattet war, neben seiner Ehefrau noch eine oder sogar mehrere Nebenfrauen zu haben. Hoferbe konnte nur der jeweils älteste Sohn werden, die anderen Söhne gingen leer aus und mussten ihr Auskommen auf andere Weise suchen. Blutige politische Kämpfe zwischen Adligen und Königsfamilien um die Vergrößerung von Herrschaftsgebieten und Macht haben viele freiheitsliebende Männer veranlasst, zeitweilig auf Wikingfahrt zu gehen oder für immer auszuwandern. Männer, die

Elch des Fjordes

Schiffe waren die Leidenschaft der Wikinger. Sie gaben ihnen fantasievolle Namen wie „Windpferd", „Elch des Fjordes", „Wellenwolf" oder „Fjordhund" und besangen sie in Gedichten und Liedern.

Drachenschiffe auf Wikingfahrt.

Der Nachbau des Skuldelev-Knorrs, die „Saga Siglar“ (hier vor Grönland) bewies auf einer Weltumseglung die Seetüchtigkeit und hervorragenden Fahreigenschaften eines Wikingerschiffes.

durch das Thing zur Verbannung verurteilt waren, gründeten fern der Heimat neue Wohnsitze.

Ein reicher Mann stand bei den Wikingern in hohem Ansehen, denn Reichtum schien ihnen ein sichtbares Zeichen für die Gunst der Götter zu sein. Es war keine Schande, sich durch Raub- und Plünderungsfahrten Reichtum zu verschaffen, im Gegenteil: Wer dabei Erfolg hatte, galt als besonders mutig und tüchtig. Die Fernhändler hatten in der Heimat von den neu entstandenen wohlhabenden Handelszentren und Klöstern an Küsten und Flussläufen Europas berichtet – für die nordischen Piraten war dies eine unwiderstehliche Verlockung! Selbst die Mächtigen im Lande organisierten im Laufe der Wikingerzeit immer größere Flotten- und Kriegsverbände, um ihren Reichtum durch Piratenzüge und offenen Krieg zu mehren. Solchen Fürsten und Königen schlossen sich freie junge Männer als Gefolgsleute an – in der Hoffnung auf Abenteuer, Ruhm und Reichtum, später auch Landzuteilungen.

Voraussetzung für all dies war: Den Wikingern war das Meer vertraut wie niemandem sonst in der damaligen Welt und sie konnten die besten Schiffe im damaligen Europa bauen.

Das Gokstadschiff war ein hochseegängiges Schiff. Mit solchen Schiffen fuhren norwegische Wikinger-Häuptlinge zu den britischen Inseln. Das Osebergschiff gilt als der schönste Schiffsfund aus der Wikingerzeit.

(Goldener Fjordvogel)

Welche Schiffstypen kannten die Wikinger?

Über Aussehen, Bauweise und Fahreigenschaften der Wikingerschiffe erhielt man genauere Vorstellungen, als im Jahr 1880 in einem Grabhügel am Oslofjord das so genannte Gokstadschiff entdeckt und geborgen wurde. Ganz in der Nähe dieses sensationellen Fundes wurde 1904 ein weiteres kostbares Grabschiff, das Osebergschiff, ausgegraben. Beide waren einstmals kostbare Schiffe gewesen, bevor sie ihren fürstlichen Besitzern nach deren Tod als Grabschiffe dienten. Noch aber suchten die Archäologen nach einem anderen Schiffstyp, von dem man in den alten Quellentexten las, dem Knorr, einem Hochseesegler.

1960 entdeckten dänische Archäologen auf dem Grund des Skuldelev-Fjordes bei Roskilde die Überreste von fünf ganz unterschiedlich gebauten Wikingerschiffen, die man dort zum Schutz der Stadt als Seesperre versenkt hatte, nachdem sie altersschwach geworden waren. Am aufregendsten waren für die Archäologen die Schiffswracks 1 und 2. Wrack 2 war ein sehr großes Schiff von ca. 30 Metern Länge und 4,5 Metern Breite. Mit 30 Ruderpaaren ausgerüstet, war dies ein „Langschiff" gewesen, der gefürchtetste Kriegsschifftyp der Wikinger, geeignet für ihre Raubfahrten in Europa. Wrack 1 sah dagegen ganz anders aus. Es war ein kräftiges, breit und hoch gebautes Hochsee-Segelschiff – der sagenhafte Knorr. Dieser war ein robustes Schiff, das sich bestens für die Handelsfahrten der Wikinger-Kaufleute und Großbauern über das Meer sowie den Transport der Auswanderer auf die Inseln des Nordatlantiks eignete. Ein breites viereckiges Rahsegel aus gewalktem Wolltuch an einem stabilen Mast gab dem Knorr den Antrieb. Ruder benötigte man nur zum kurzfristigen Manövrieren im Hafen. Deshalb gab es nur wenige

Das Kriegsschiff

Modell-Nachbau des kleinen Kriegsschiffes aus Skuldelev.

Kriegsschiffe wurden „auf Schnelligkeit" gebaut, also besonders leicht, lang und schmal. Sie konnten mit 6 bis 12 Knoten etwa doppelt so schnell laufen wie die viel rundlicher und robuster gebauten Handelsschiffe. Ein Kriegsschiff war mit Mast und Segel ausgerüstet, wurde aber bei Flaute, widrigen Winden, beim Angriff oder auf schneller Flucht von seiner Mannschaft gerudert. Über die gesamte Länge des Schiffes waren deshalb Ruderpforten in die Bordwand eingelassen. Den Mast konnte man umlegen, was im Kampf die Regel war. Die Besatzungszahl richtete sich nach der Schiffsgröße: Die „Schnigge" hatte bis zu 40, die „Skaid" bis zu 60, der „Drachen" über 60 Mann an Bord. Die Krieger saßen beim Rudern auf ihren Seekisten, worin sie Habe und Beutegut aufbewahrten. Ihre Schilde zurrten sie auf der Reling fest zum Schutz vor hohen Wellen, im Kampf zur Abwehr von Pfeilschüssen und beim Einlaufen in einen Hafen, damit das Schiff einen prachtvollen, kampfstarken Eindruck machte.

Das Osebergschiff war als Prunkschiff für Fahrten in ruhigen Gewässern gebaut. Die prächtigen Holzschnitzereien enden in einem graziös gewundenen Schlangenkopf. „Seeschlange" war ein Lieblingswort der Wikinger für ein besonders schnittiges Schiff.

Ruderpforten an Bug und Heck. Zwischen hohen Halbdecks vorn und achtern lag mittschiffs der Laderaum, wo die Waren unter schützenden Häuten verstaut wurden. Auch lebende Tiere konnten hier untergebracht werden. Je nach Größe des Schiffes bestand die Mannschaft aus vier bis zwölf Mann.

Alle Wikingerschiffe waren doppelspitz gebaut, d. h. Bug und Heck waren symmetrisch geformt. Zunächst wurden am leicht gebogenen Kiel als gleich geformte Enden Vorder- und Achtersteven angelascht.

Wie wurden Wikingerschiffe gebaut?

Die Wikingerschiffe bauten spezialisierte Handwerker. Unter Leitung eines Schiffbaumeisters arbeiteten der „Stevenschmied“, die Plankenhauer, Nagelschmiede und einfache Arbeiter. Schriftliche Baupläne gab es nicht, man verließ sich auf Erfahrung und Augenmaß. Bevorzugtes Baumaterial war Eichenholz, aber neben Kiefer und Esche wurden auch andere Hölzer verbaut. Im Winter fällte man die benötigten Bäume und transportierte sie über den gefrorenen Boden zum Schiffbauplatz am Wasser.

An diesem Grundgerüst, dem „Rückgrat“ des Schiffes, befestigte man die einzelnen Plankengänge mit Eisennieten dachziegelartig überlappend in der so genannten „Klinkerbauweise“.

Um den Schiffskörper wasserdicht zu machen, dichtete man die Fugen zwischen den Planken mit geteerten Schnüren aus Tierhaar ab.

Spezialisierte Schiffbauer auf einer wikingerzeitlichen Werft.

Die wikingischen Bootsbauer kannten keine Säge. Alles benötigte Holz bearbeiteten sie mit der normalen Axt oder der Breitaxt. Das war ein Markenzeichen ihres Schiffbaus, denn das Holz gebeilter Planken bewahrt seine natürliche Elastizität und ist stärker als gesägtes Holz. So konnten leichte, aber sehr stabile Schiffe gebaut werden.

Zusätzlich zum „Antifouling-Anstrich" mit Holzteer wurden kostbare Kriegsschiffe mit Farbe bemalt – beliebt waren die Farben Gelb und Rot – und mit Schnitzwerk verziert. Einige besaßen auch Galionsfiguren in Form Furcht erregender Drachenköpfe auf den Steven, mit denen man Feinden, aber auch Unholden des Meeres Angst einjagen wollte. Königliche Kriegsschiffe trugen zuweilen am Steven herrlich gearbeitete Metallstander, die bei Sonnenschein wie weithin reichende Signalgeber über das Meer blitzten und diese Schiffe für die königliche Gefolgschaft über größere Entfernungen noch erkennbar machten.

Wie navigierten die Wikinger?

Die Wikinger waren die einzigen Seefahrer im frühen Mittelalter, die es wagten, weitab von jeder Landmarke zu segeln und auf Hochseefahrt zu gehen. Obwohl sie noch keinen Magnetkompass und kaum andere navigatorische Hilfsmittel besaßen, schafften sie es, lange Seefahrten nach Island und Grönland durchzuführen, bei denen tagelang kein Land in Sicht kam. Wie gelang es ihnen, meistens an dem Zielpunkt anzukommen, den sie hatten erreichen wollen? Die Seeleute beobachteten tagsüber den Sonnenstand und richteten ihren Kurs in klaren Nächten nach dem Polarstern.

Im Übrigen richteten sich die Steuerleute nach vielen Zeichen und Merkmalen. Sie beobachteten den Verlauf der Wellen, den Zug der kleinen Wale, die Flugrichtung der Seevögel am Morgen und Abend, Farbe und Wuchs des Seetangs und die Wolkenbildung über unsichtbaren Inseln.

Links: Drachenköpfe, wie diese 16 cm lange Bronzenadel aus dem Hafen von Haithabu einen zeigt, schmückten die Steven wikingerzeitlicher Kriegsschiffe. Waren sie aufgesetzt, verhieß das nichts Gutes.

Breitengrad-Segeln

Drei wesentliche Dinge waren bei der Abfahrt zu beachten: Man musste die Küste am richtigen Punkt, bei günstigem Wind und mit dem richtigen Kurs verlassen. Wollte man beispielsweise nach Island, musste man in Nidaros (Trondheim), Norwegen, abfahren und möglichst genau nach Westen segeln, denn die Landestelle auf Island lag auf der gleichen Breite wie der Abfahrtspunkt.

Die bronzevergoldete Wetterfahne aus dem norwegischen Heggen befand sich wohl ursprünglich am Bug eines Wikingerschiffes.

Wenn sie weite Strecken des offenen Meeres durchsegeln wollten, wandten sie das „Breitengrad-Segeln“ an.

Der größte Teil der Seefahrt der Wikinger war Küstenschifffahrt. Hier war die Navigation kein Problem. Die Schiffer segelten möglichst nah an der Küste entlang und richteten ihren Kurs nach bekannten Landmarken: Bergen, Inseln, Buchten. An den schwierigen Küsten Skandinaviens mit ihren vielen Riffen und Untiefen fuhr man nur am Tage und ankerte nachts in Naturhäfen. Nur entlang der südlichen Ostseeküste konnte man auch nachts fahren, wenn man die Wassertiefe regelmäßig durch Loten kontrollierte.

Wie ging das Leben an Bord vor sich?

Für Mannschaft und Passagiere war das Leben an Bord hart, strapaziös und gefährlich. Während der Fahrt waren sie ständig Regen, Sonne, Wind und Wetter ausgesetzt, weil es auf den offenen Schiffen keinen Schutzraum gab. Bei der Küstenschifffahrt konnte man wenigstens abends ankern und an Land gehen, um dort zu kochen. Viel anstrengender war dagegen die Hochseefahrt. Die Schiffe wurden aus Kostengründen in aller Regel voll beladen, sodass man sich während der Fahrt kaum rühren konnte. Auf einem Knorr fanden etwa 30 Personen Platz, dazu Vieh, Futterheu und Proviant für die Menschen. Es gab während der gesamten Fahrt keine warme Mahlzeit, denn auf einem Wikingerschiff durfte niemals ein Feuer entfacht werden. Man ernährte sich daher von haltbarem Reiseproviant: Trockenfisch, Pökelfleisch, Dauerquark, Knäckebrotfladen und getrockneten Beeren. Wasser wurde in Holzfässern oder Ledersäcken mitgenommen. Die Besatzung schlief nachts häufig zu zweit in Pelzsäcken, in denen man tagsüber Geschirr, Waffen und andere Gegenstände aufbewahrte.

Auf See konnten den Schiffern schlimmste Gefahren begegnen. Gerieten sie in einen Sturm, mussten alle überkommendes Seewasser aus den offenen Schiffen herausschöpfen. Oft genug „pützten“ die Männer um ihr Leben, um ein Kentern des Schiffes zu verhindern. Meist konnten sie nur auf ihr Glück und den Beistand der Götter hoffen, dass der Sturm sich rechtzeitig legen würde, bevor sie vor Erschöpfung aufgeben mussten.

Ein Knorr hat Waren und Haustiere geladen. Für den Landgang führte man zum Kochen und Schlafen eine „Campingausrüstung“ mit.

Die Wikinger als Räuber und Plünderer

Wie gingen die Wikinger auf ihren Raubzügen vor?

Das Element der Wikinger war das Meer. Von dort aus entwickelten sie ihre Angriffe, gekämpft aber wurde an Land. Die Schiffe dienten ihnen als Truppentransporter. Auf deren überlegene Schnelligkeit, Robustheit und Wendigkeit war Verlass, und vor allem hatten sie eine so niedrige Wasserlinie, dass man sie von Land aus meist erst sichten konnte, wenn es für Abwehrmaßnahmen bereits zu spät war. So geschah es auch bei dem Überfall auf das Kloster Lindisfarne 793 n. Chr. zu Beginn der Wikingerzeit, der das Musterbeispiel eines typischen Wikingerangriffs ist.

Allzu rasch waren die Schiffe, die dann immer gerudert wurden, herangekommen und auf den Strand gesetzt. Unmittelbar darauf sprangen schon die bewaffneten Männer heraus und stürzten sich auf die Beuteziele an Land. Hatten sie genügend Diebesgut auf die Schiffe geschleppt, legten sie ab und ruderten und segelten so schnell wie möglich davon, sodass den Verfolgern zumeist nur das Nachsehen in ohnmächtigem Zorn blieb.

Rundturm auf Devenish Island, Lough Erne, Irland.

Durch die Kontakte zu ihren nordischen Fernhändlern hatten die Räuber ein europaweit funktionierendes Informationsnetz mit neuesten Nachrichten zur Verfügung. So wussten sie auch immer über die Zwistigkeiten ihrer Gegner gut Bescheid und nutzten das für ihre Aktionen.

Die nordischen Kriegerscharen vermieden die offene Feldschlacht. Wenn es an einer Küste ständig in Bereitschaft gehaltene Verteidigungsstellungen gab, wie Karl der Große sie gegen die Seeräuber

Rundtürme

In Irland wurden in der Wikingerzeit von Kirchen und Klöstern viele solche hohen Rundtürme (links) als Glockentürme errichtet. Sie boten nicht nur gute Sicht, man nutzte sie bei Überfällen auch als Zufluchtsort. Ein unbekannter irischer Mönch pries im 9. Jahrhundert in einem Gedicht stürmisches Wetter, bei dem er sich nachts im Kloster ausnahmsweise sicher fühlte: „Rau ist der Wind heute Nacht; er reißt an der weißen Mähne des Meeres. Heut' fürchte ich die wilden Wikinger nicht, die auf der Irischen See kreuzen."

Wikingerkrieger stürmen an einer feindlichen Küste an Land, um ein Kloster zu überfallen und zu plündern.

aufbauen ließ, griffen sie diese nicht an, weil sie nämlich hier mit erbittertem Widerstand zu rechnen hatten. Lieber umgingen sie solche Stellungen und suchten an anderen Orten nach leichter zu erreichender Beute.

In der Wikingerzeit musste jeder Krieger für seine Waffenausstattung selbst sorgen. Daher gab es große Unterschiede zwischen den reichen und vornehmen Kriegern und den einfachen Männern. Der einfache Mann besaß wahrscheinlich nur eine Axt, zumeist die schwere Streitaxt mit einem überlangen Schaft, die beidhändig geschwungen wurde. Das zweischneidige Langschwert war eine teure, kostbare Waffe für die adligen und wohlhabenden Krieger.

Welche Waffen führten die Wikinger?

Die besten – bruchsicheren und scharfen – Klingen schmiedeten fränkische Waffenschmiede im Rheinland. Ihre Stahlklingen besaßen die Güte heutigen Messerstahls. Den Namen

Überfall auf Lindisfarne

Sollen die Schwerter schwingenden Krieger auf diesem Grabstein aus dem 9. Jahrhundert in Lindisfarne an den mörderischen Wikingerüberfall erinnern?

Es geschah am 8. Juni 793 im Kloster des heiligen Cuthbert auf der Insel Lindisfarne vor der Küste Nordostenglands. Die Mönche dort lebten seit der Gründung des Klosters schon 150 Jahre in Frieden und Sicherheit, denn die Insel galt wegen eines starken Gezeitenstroms von See her als unerreichbar. Dennoch erschienen am Vormittag nordische Kriegsschiffe und landeten am flachen Sandstrand. Heraus stürmten schwer bewaffnete Männer, die mit ihren Äxten und Schwertern die Inselbewohner überfielen und alle töteten, derer sie habhaft werden konnten. Sie plünderten das Kloster aus, raubten alles Kostbare und steckten die Klosteranlage in Brand. Ebenso rasch, wie sie gekommen waren, fuhren sie mit ihren schwer mit Beute beladenen Schiffen auf die See hinaus. Zurück blieb eine Stätte der Verwüstung: Wo am Morgen noch ein blühendes Kloster gestanden hatte, ragten jetzt nur noch rauchende Trümmer empor.

Die Klingen dieser prachtvollen Wikingerschwerter aus Schweden wurden wahrscheinlich von fränkischen Schmieden gefertigt.

Dieser eiserne Helm mit Nasen- und Wangenschutz ist ein Einzelstück und gehörte einem bedeutenden norwegischen Häuptling.

eines der besten Waffenschmiede, eines „Schwertfegers", kennen wir sogar, weil er seine Klingen mit seinem Namen „Ulfberth" signierte. Die Ausfuhr dieser Superklingen und besonders der Verkauf an die Landesfeinde wurde vom fränkischen König Karl dem Kahlen bei Todesstrafe verboten. Dennoch sind Ulfberth-Schwerter in skandinavischen Kriegergräbern gefunden worden, was beweist, dass dieses Ausfuhrverbot nicht eingehalten wurde. Schwerter gab es in verschiedenen Qualitätsstufen, von der schlichten Zweckwaffe bis zum kostbar verzierten Prunkschwert des Königs.

Harm Paulsen, experimenteller Archäologe aus Schleswig, testet einen von ihm nachgebauten wikingischen Langbogen.

Neben dem Langschwert wurde auch der Sax, das einschneidige kurze Hiebschwert, eingesetzt und als Wurfwaffe, die jeder immer am Gürtel trug, ein kurzes scharfes Messer. Der Speer war die am häufigsten benutzte Hieb- und Stoßwaffe. Auf einem langen, kräftigen Stiel war eine drei- oder vierschneidige Stahlspitze montiert.

Fernwaffe war der Bogen. Viele Wikinger konnten ihn meisterhaft handhaben, weil sie schon von Kindheit an beim Spiel und auf der Jagd im Bogenschießen geübt waren. Neben der Zielgenauigkeit war auch möglichst schnelles Schießen im Kampf erforderlich. Meisterschützen sollen es fertig gebracht haben, 20 Pfeile in der Minute abzuschießen.

Schutzwaffen waren vor allem die Schilde, runde Holzscheiben mit einem eisernen Schildbuckel in der Mitte als Schutz für den dahinter liegenden Handgriff. Kettenpanzer aus Stahl wurden äußerst selten getragen, weil sie wegen der aufwändigen Herstellung sehr teuer waren. Die Krieger begnügten sich normalerweise mit Lederhelmen und Leder- oder Fellwesten als ziemlich notdürftigem Schutz. Wohlhabende trugen schlichte Eisenhelme, auch Modelle mit Augen- und Nasenschutz.

In der Wikingerzeit waren solche konisch geformten Spitzhelme mit Nasenschutz modern.

Hörnerhelme?

Die echten Wikinger haben niemals Hörnerhelme wie unsere Comic-Wikinger getragen. Im Kampf wären diese reine Selbstmordinstrumente gewesen. Zweck eines Helmes ist, die feindliche Waffe vom Kopf abzulenken, daher musste der Helm möglichst glatt und rundlich sein. Ein feindlicher Schwerthieb auf einen Hörnerhelm könnte nicht abgleiten, sondern würde an der Ansatzstelle des Hornes in den Helm und damit in den Kopf des Trägers geleitet. Aus der Bronzezeit – etwa 1000 v. Chr. – sind zwar Hörnerhelme bekannt, jedoch nicht als Kampfhelme, sondern ausschließlich als Kult- oder Zeremonienhelme.

Wie verlief der „Wikingersturm“ auf Europa?

Zu Beginn der Wikingerzeit gab es in Europa drei große Machtzentren: das Frankenreich, das Emirat der muslimischen Araber von Cordoba in Spanien und im Südosten das mächtige Byzantinische Kaiserreich mit der kulturellen „Welthauptstadt“ Konstantinopel (Byzanz, heutiges Istanbul). Alle drei Reiche waren damals wohl organisiert und bestens verteidigungsfähig. Das schreckte die Seeräuber zunächst ab.

In England dagegen konnten die Drachenschiffpiraten leichter an Beute kommen, denn das Land war in mehrere kleine Königreiche aufgeteilt, die häufig miteinander in Streit lagen. Am Beispiel der Wikingerzüge nach England lassen sich die drei Phasen des so genannten Wikingersturms in Europa gut erkennen: In den ersten Jahrzehnten wollten die Piraten so viele Kostbarkeiten wie möglich an sich raffen. In Klöstern, Kirchen und Siedlungen raubten sie Wertgegenstände, Vieh und vor allem Menschen, die sie als Sklaven für sich selbst arbeiten ließen oder verkauften. Die Dänen spezialisierten sich auf den Süden Englands, die Norweger auf den Norden und auf Irland. Nach Jahrzehnten dauernder Überfälle boten sie der verängstigten Bevölkerung an, den Frieden durch eine hohe Summe an Lösegeld zu erkaufen. Darauf ließen sich die gequälten Menschen ein, und Jahr für Jahr flossen nun riesige Summen von so genanntem „Danegeld“ als Friedenstribut in dänische Hände. Als das Land wirtschaftlich ausgeblutet und nichts mehr zu holen war und Ostengland von London bis York, dem Gebiet des „Danelag“ (Rechtsgebiet der Dänen), von den Wikingern des „Großen Heeres“ beherrscht wurde, ließen sie sich als dauernde Siedler auf dem eroberten Land nieder. Die von ihnen beherrschte englische Stadt York, die sie „Jorvik“ nannten, wurde in den folgenden Jahren zum wichtigsten Handelsplatz in Ostengland.

In Frankreich entwickelten sich die Dinge ähnlich. Einige Zeit nach dem Tod Karls des Großen zerbrach die Einheit des Fränkischen Reiches. Damit war den wikingischen Scharen auch hier Tür und Tor geöffnet. 834 plünderten sie Dorestad, den internationalen Handelsplatz an der Rheinmündung und eine der reichsten Städte Europas. 845 segelte eine große Wikingerflotte die Elbe auf-

Ringburgen

Die dänischen Könige hatten seit Harald Blauzahn ihre Herrschermacht im Lande gefestigt und erweitert. Als Zentren militärischer Macht waren in Dänemark an strategisch günstigen Orten vier große Truppenlager, so genannte Ringburgen, errichtet worden. Von diesen Militärstützpunkten aus wurde wahrscheinlich die Invasion Englands vorbereitet.

Die Ringburg Fyrkat liegt im Nordosten Jütlands. Sie wurde während der Regierungszeit von König Harald Blauzahn (958-987) um 980 errichtet.

Eine altenglische Bilderhandschrift zeigt die Überfahrt einer dänischen Wikingerflotte 866 nach England.

wärts und brannte Hamburg nieder. Im gleichen Jahr plünderten Wikinger Paris, und die Stadt musste sich außerdem für die unerhörte Summe von 7000 Pfund Silber freikaufen.

Die Kunde von derart leicht verdientem Geld dürfte sich wie ein Lauffeuer verbreitet haben, denn bald darauf tauchten Wikingerflotten auf allen Flüssen des westlichen Frankenreichs auf und fielen über das Land her. Zur Mitte des 9. Jahrhunderts siedelten sich Wikinger in allen Gegenden des Frankenreichs an. Zum Teil wurden sie von den Franken auch als Söldner angeworben, um die Küsten gegen andere Wikinger zu verteidigen. 911 übertrug der westfränkische König dem Wikingerhäuptling Rollo offiziell die Herrschaft über das Gebiet, das später nach seinen nordischen Herren „Normandie" hieß. Rollo wurde zum Herzog ernannt und damit vornehmer Lehnsmann des fränkischen Königs. Als Gegenleistung erforderte seine Lehnspflicht, die er auch bestens erfüllte, die Küsten seines Herzogtums gegen andere Wikinger zu verteidigen.

Im 10. Jahrhundert war es entlang der Küsten Westeuropas und Englands verhältnismäßig ruhig. Doch gegen Ende des Jahrhunderts brach der Wikingersturm erneut los, und schlimmer als je zuvor. Nun stellten sich dänische und norwegische Könige selbst an die Spitze großer Wikingerheere. 1013 unterwarf der dänische König Sven Gabelbart ganz England. Sven starb bereits 1014, aber sein Sohn Knut der Große herrschte als mächtigster König der Wikingerzeit bis zu seinem Tod 1035 über ein „Nordseereich", das England, Dänemark, Schweden und Norwegen umfasste. Letzter dänischer König auf dem englischen Königsthron war Hardeknut, der 1042 starb.

Die Karte zeigt die Welt der Wikinger und ihre Seereisen als Händler, Krieger und Siedler, die vom Schwarzen Meer über Grönland bis Amerika reichten.

Die Warägergarde

Von 900 bis 1100 dienten Wikinger in der Leibgarde der byzantinischen Kaiser. Diese Garde, die sich durch besondere Treue dem Kaiser gegenüber auszeichnete, wurde in vielen Kämpfen rund um das Mittelmeer eingesetzt und häufig von nordischen Häuptlingen angeführt. Der berühmteste Kommandeur der Warägergarde war Harald der Harte (1015-1066), der später König von Norwegen wurde.

Die Wikinger als Siedler

GRÖNLAND lag zu Eriks Zeiten noch 7 Meter höher als heute und es herrschte eine um drei Grad höhere Durchschnittstemperatur. So war das Klima wärmer, der Pflanzenwuchs reicher. An den fischreichen Fjorden gab es fruchtbare Landstriche, wo man Vieh halten konnte. Pelze und Häute von Robbe, Walross und Eisbär sowie das kostbare Elfenbein des Narwals und weiße Grönlandfalken waren die wichtigsten Exportwaren, die im übrigen Europa gut bezahlt wurden.

Wie wurde Erik der Rote Jarl auf Grönland?

Erik der Rote musste mit seinem Vater 970 die norwegische Heimat verlassen. Wegen Totschlags hatte das Thing sie für friedlos erklärt und zur Verbannung verurteilt. Sie beluden ihren Knorr mit all ihrer beweglichen Habe und segelten nach Island. Gutes Siedlungsland bekamen sie dort aber nicht mehr, weil sich in Island schon seit mehr als 100 Jahren viele Skandinavier angesiedelt hatten und die besten Ländereien in festen Händen waren. Eriks Vater starb kurz darauf und sein streitsüchtiger Sohn geriet bald wieder in Händel mit seinen Nachbarn. Vom isländischen Thing wurde er erneut wegen Totschlags verurteilt, und zwar zu Friedlosigkeit für drei Jahre. Wenn er nicht sein Leben aufs Spiel setzen wollte, musste er Island für diese Zeit verlassen. Wieder rüstete er seinen Knorr aus und verließ im Frühjahr

Ruinen von Brattahlid am Eriksfjord (Grönland).

Erik der Rote vor dem Aufbruch zu seiner Expedition nach Grönland, nachdem er vom isländischen Thing wegen Totschlags geächtet worden war.

Die nordische Siedlung von L'Anse-aux-Meadows lag an der nördlichsten Spitze Neufundlands.

982 mit 15 Männern und einigen Sklaven an Bord Island, um ein Land, das nordwestlich von Island liegen sollte, zu erforschen – er fand Grönland.

Erik erkundete systematisch Küsten und Fjorde und fand im zweiten Sommer in dem nach ihm benannten Eriksfjord gutes Siedlungsland, das er feierlich in Besitz nahm. 985 kehrte er nach Island zurück und berichtete über das neue Land, dem er wie ein moderner Werbefachmann den viel versprechenden Namen „Grönland" – „Grünes Land" – gab. Er wollte möglichst viele Isländer dafür gewinnen, sich mit ihm dort anzusiedeln. Sein Bericht hatte den gewünschten Erfolg. Als er im Jahr darauf mit seiner Familie, seinen Haustieren und der beweglichen Habe Island in Richtung Grönland verließ, fuhren auf 24 weiteren Schiffen mehr als 500 Menschen als Auswanderer mit ihm. Aber nur 14 Schiffe erreichten Grönland, die anderen gerieten in einen furchtbaren Sturm, gingen unter oder trieben zurück. Die meisten Überlebenden gründeten die Ostsiedlung, wo Eriks Hof „Brattahlid" (Steilhof) lag. Ein Teil der Auswanderer fuhr weiter nach Nordwesten und gründete 700 km entfernt die Westsiedlung.

Erik hatte zwei Ziele erreicht: Er hatte Siedlungsland gefunden und war als Erforscher Grönlands und Anführer der Auswanderer der Häuptling der neuen Siedlungsgemeinschaft geworden, der Jarl auf Grönland.

Wie entdeckten die Wikinger Amerika?

Im Jahre 985 wurde der isländische Fernkaufmann Bjarni Herjolfsson mit seinem Knorr auf der Fahrt von Island nach Grönland durch Sturm und Nebel von seinem Kurs abgebracht und das Schiff weit nach Südwesten versetzt. Bjarni erkannte, dass er zu weit südlich war und steuerte einen Kurs, der ihn tatsächlich nach Grönland zurückbrachte. Dreimal sichtete er dabei Land, ohne seiner Mannschaft zu erlauben, es zu betreten, weil es nicht so aussah, wie man ihm Grönland beschrieben hatte. Er wusste nicht, dass er wahrscheinlich der erste Wikinger war, der zufällig Nordamerika gesehen hatte.

In der Eriksfamilie auf Grönland erfuhr man von dem unbekannten Land, das Bjarni auf seiner Irrfahrt gesichtet hatte. Davon war Leif, Eriks ältester Sohn, ein mutiger Forschergeist, so fasziniert, dass er einige Jahre später beschloss, selbst auf Erkundungsfahrt zu dem von Bjarni gesichteten Land aufzubrechen.

RÄTSELHAFT

Über die Ursachen des Endes der Wikingersiedlung auf Grönland um das Jahr 1350 rätseln die Forscher noch. Offenbar hatten sich die Lebensbedingungen für die Menschen verschlechtert, sodass sich seitdem dort wieder eine menschenleere Einöde ausbreitete, wie sie vor der Expedition Eriks des Roten geherrscht hatte.

Feindliche Indianer greifen wikingische Siedler in Neufundland an. Wegen der ständigen Indianergefahr gaben die Wikinger den Siedlungsversuch schließlich auf.

VINLAND

Die Frage, wo sich „Vinland“, das „Weinland“ der Wikinger befunden hat und ob das Land wirklich nach Trauben oder Beeren benannt wurde, ist bis heute ungeklärt. Archäologen haben an der Nordspitze Neufundlands, in „L’Anse-aux-Meadows“, Überreste einfacher Hütten und einige Funde, z. B. eine bronzene Ringnadel, entdeckt, die die Anwesenheit von Wikingern zweifelsfrei belegen. Allerdings dürften auch zur Wikingerzeit in diesem Klima keine Trauben gewachsen sein. Vielleicht war L’Anse-aux-Meadows nur ein Tor nach „Vinland“ oder Leif hat das Gerücht vom wilden Wein selbst erfunden, um mit einem einladenden Namen neue Siedler zu gewinnen.

Nachdem er Bjarni seinen großen Knorr, ein ganz hervorragendes und sicheres Schiff, abgekauft hatte, stach er in See.

Leifs Route führte an Labrador, das er „Markland“ (Waldland) nannte, vorbei nach Neufundland. Dies war das Land, dem er den berühmten Namen „Vinland“ (Weinland) gab. Wie Leif später berichtete, sollen seine Männer und er dort auch „Korn, das sich selbst aussät“ und „Bäume, so hoch, dass sich daraus Häuser bauen lassen“, gefunden haben. Sie beschlossen, dort zu überwintern und bauten sich Hütten, die noch von Leifs Verwandten, die später nach „Vinland“ fuhren, als Quartiere benutzt wurden. Im nächsten Jahr kehrte die Expedition nach Grönland zurück.

Wie begegneten sich Indianer und Wikinger in Neufundland?

Im Jahr von Leifs Heimkehr starb Erik der Rote und Leif als sein ältester Sohn trat seine Nachfolge als Jarl der Siedlung an. In den folgenden Jahren unternahmen Leifs jüngere Brüder Thorwald und Thorstein nacheinander der Fahrten nach Vinland. Thorwalds Männer begegneten erstmals den dort lebenden Indianern, die sie verächtlich „Skraelinge“ (Schwächlinge) nannten. Diese Überheblichkeit sollten sie bald bereuen. Nachdem Thorwalds Männer im Wald acht schlafende Indianer grundlos getötet hatten, griffen die Indianer den Knorr an und Thorwald, der als einziger ungeschützt hoch im Schiff am Ruder stand, wurde durch einen Pfeilschuss getötet. Seine Männer begruben ihn und kehrten nach Grönland zurück, wie er es ihnen sterbend befohlen hatte. Auch Leifs Verwandte, die noch einmal versuchten, im milden Klima Vinlands eine Siedlung zu gründen, gerieten bald in Konflikt mit den zahlenmäßig weit überlegenen Indianern, mussten den Siedlungsversuch abbrechen und kehrten endgültig nach Grönland zurück.

Noch lange Zeit aber hat man vom holzarmen Grönland aus Holzholfahrten in die Neue Welt unternommen. Leif Eriksson mit dem Beinamen „Der Glückliche“ gilt als der erste europäische Entdecker Amerikas.

Die Wikinger als Händler und Stadtbewohner

Welche Bedeutung hatte der Handel in der Wikingerzeit?

In der Wikingerzeit bildete sich ein weit gespanntes Netz internationaler Handelsbeziehungen. Der neu entstehende Beruf des Fernhändlers war für kaufmännisch geschickte und wagemutige Wikinger sehr attraktiv, denn er ermöglichte gute, sichere und vor allem regelmäßige Einnahmen, was auf Dauer viel vorteilhafter war als die mit ständiger Lebensgefahr verbundenen Gelegenheitserfolge des Seeräubertums.

Die Händler besorgten den Warenaustausch zwischen den verschiedenen Wirtschaftsräumen an Nord- und Ostsee. Mit ihren großen Knorren oder ihren kleineren Küstenhandelsschiffen und selbst kleinen Flussschiffen waren sie an den Handelszentren in ganz Europa anzutreffen. Von Birka in Schweden wurden Beziehungen zu den Handelsplätzen an der südlichen Ostseeküste geknüpft. Mit Wolin an der Odermündung bestand ein reger Warenaustausch, Aldeigjuborg (Staraja Ladoga) soll im 9. Jahrhundert ein skandinavisches Gepräge gehabt haben. Von Nowgorod aus fuhren die Händler über die weit verzweigten Flusssysteme Russlands bis Konstantinopel, das sie „Miklagard“, „Große Stadt“ nannten. Arabische Quellen berichten von Wikingern, die schon im 9. Jahrhundert Bagdad besuchten und nach Bolgar am Wolgaknie und Itil am Kaspischen Meer kamen, von wo aus man die Seidenstraße nach China erreichen konnte.

Den nordischen Händlern und Piraten, die sich so weit nach Osten wagten, ging es vor allem um arabisches Silber. Die wichtigsten Waren,

Raub- und Handelsfahrten waren in der Wikingerzeit nicht immer streng getrennte Unternehmungen. Auch ging es im Handel gewiss oft rabiat zu: Die Kaufleute wussten zu feilschen und in einer kritischen Situation ihr Hab und Gut mit Waffengewalt zu verteidigen. Bildlich gesehen hatte der wikingische Händler die Kaufmannswaage in der einen Hand und in der anderen das scharfe Schwert. Einige Händler erpressten auch von unterworfenen oder abhängigen Stämmen Handelswaren (z. B. Pelze) als Tribut, die sie dann mit Gewinn verkauften.

Wikingische Händler gelangten mit ihren warenbeladenen Schiffen von Nowgorod aus auf den großen Flüssen Russlands bis zum Schwarzen Meer.

Balkenwaage wikingischer Kaufleute.

Zahlungsmittel: „Gewichtsgeld“

Der riesengroße Handelsraum der Wikinger reichte vom Kaspischen Meer über Russland nach Zentral- und Westeuropa bis ins Mittelmeergebiet, umfasste ganz Skandinavien und die Inseln im Nordmeer. Überall aber galten andere Zahlungsgewohnheiten und Zahlungsmittel. Im Fränkischen Reich und in den arabischen Kalifaten hatten die Wikinger Münzwährungen kennen gelernt und rasch begriffen, wie problemlos und elegant sich damit ein Handel begleichen ließ und wie umständlich dagegen der in Skandinavien noch übliche Tauschhandel war. Weil sie aber noch lange Zeit keine größeren Mengen eigener Münzen zur Verfügung hatten, erfanden sie das „Gewichtsgeld“. Währungsmetall war das Silber, das sie entsprechend dem vereinbarten Kaufpreis auf einer Kaufmannswaage mit genormten Gewichten abwogen. Als Silber nahmen sie vor allem ausländische Münzen, meistens arabische, in Zahlung, die sie, wenn nötig, in Stücke brachen, um das vereinbarte Silbergewicht des Kaufpreises genau passend zu machen. Findet man heute bei Ausgrabungen Münzschätze mit solchen zerhackten Münzen (rechts), sprechen die Wissenschaftler von „Hacksilber“.

die sie mitbrachten – Sklaven und Pelze – fanden bei den Arabern reißenden Absatz und schon bald ergoss sich ein ungeheurer Strom von Silber aus dem Orient nach Skandinavien. In der Wikingerstadt Birka haben Archäologen mehr als 60 000 arabische Münzen (Dirhems) gefunden. Im 10. Jahrhundert verlagerte sich der Schwerpunkt des Handels nach der Insel Gotland, die nun eine Schlüsselstellung im Transithandel zwischen Skandinavien, den baltischen Ländern und Russland erhielt.

Aus dem Norden kamen vor allem Rohprodukte wie Pelze, Federn, Daunen, Seehundfelle, Walrosszähne, Bernstein, Holz, Teer, Honig, Wachs, Eisenerz, Schiefer zur Herstellung von Wetzsteinen, Speckstein für Haushaltskochgefäße und als „lebende Ware“: Sklaven! Aus dem Westen beschafften die Händler Salz, Wein, Weizen, Zinn (England), Basaltsteine für Getreidemühlen, aber auch Glas- und Töpferwaren und – trotz strenger Verbote – Waffen der fränkischen Waffenschmiede. Aus dem Südosten kamen Silber, Bergkristall, Karneol, Seide, Gewürze, Schmuck.

An wichtigen Verkehrsknotenpunkten in Skandinavien entstanden seit dem 8. Jahrhundert neue Handelsplätze, wo Händler anfangs zumeist nur während der Handelssaison im Frühjahr und Sommer zusammentrafen. Unter günstigen Bedingungen konnte sich ein solcher Marktort zu einem dauernd bewohnten Handelsplatz für den Fernhandel, einem „Wik“ entwickeln. Birka, Ribe und Haithabu sind Beispiele für solche zentralen Handelsplätze, die bereits frühe Städte waren.

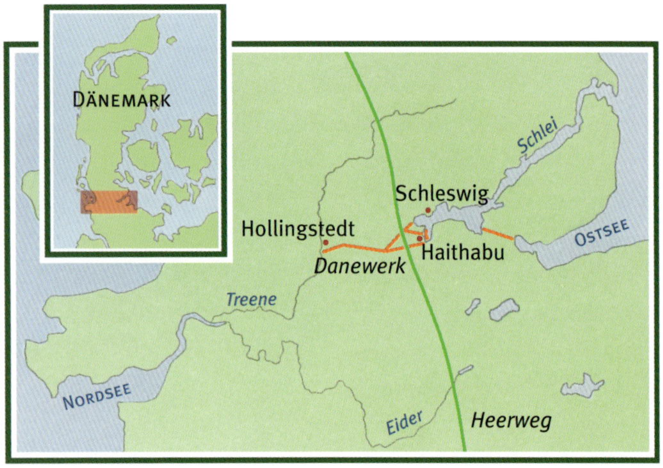

Lageplan von Haithabu auf der jütischen Halbinsel an einem Wegekreuz sowohl des West-Ost- wie des Nord-Süd-Handels.

Warum war Haithabus Lage so günstig?

Haithabu entstand auf der Schleswiger Landenge, der schmalsten Stelle Jütlands, die eine Landbrücke zwischen Nord- und Ostsee bildet. Wie eine Spinne im Netz lag es im Knotenpunkt wichtiger Handelswege. Von der Ostsee aus gelangten die Händler mit dem Schiff über die fjordähnliche, tief in das Landesinnere reichende Schlei direkt zu der Stadt. Von der Nordsee aus konnten sie über die schiffbaren Flussläufe von Eider und Treene bis auf 16 Kilometer nach Hollingstedt, Haithabus „Nordseehafen", an die Stadt heranfahren. Dort mussten sie ihre Waren auf Ochsenkarren umladen und von damals schon berufsmäßig arbeitenden Fuhrleuten nach Haithabu transportieren lassen.

Wer von Haithabu aus dann auf der Ostsee weiterfahren wollte, ging im Hafen an Bord eines anderen Handelsschiffes, das die gewünschte Route befuhr. Von Haithabu aus fuhren regelmäßig Schiffe zu den wichtigen Ostseehandelsplätzen. Man ersparte sich durch diese Transitstrecke über die Schleswiger Landenge die gefährliche und Zeit raubende Umfahrung Jütlands, was von Vorteil war, denn auch in der Wikingerzeit galt bereits die Devise: „Zeit ist Geld!" Schließlich führte der Heerweg, ein uralter Handelsweg, der Jütland mit Norddeutschland verband, wenige Kilometer westlich von Haithabu vorbei.

Für die Menschen, die sich in Haithabu niederlassen wollten, boten sich beste Ansiedlungsbedingungen. Der größte Teil des Siedlungsplatzes hatte Sandboden, ein ideales, weil trockenes Baugelände.

Haithabu an der Ostküste Jütlands gelegen, entstand um 750 fast zur gleichen Zeit wie Birka und entwickelte sich im 9. und vor allem im 10. Jahrhundert zum bedeutendsten Handelsplatz Nordeuropas. Im 9. Jahrhundert war es durch den Missionar Ansgar, der am Ort eine Kirche gründete, Ausgangspunkt für die Missionierung Nordeuropas. 948 wurde es Bischofssitz. Gegen Ende des 10. Jahrhunderts verlor es nach mehrmaligen Eroberungen und Plünderungen an Bedeutung und wurde 1066 nach erneuter Zerstörung wahrscheinlich aufgegeben.

Ribe

Ribe an der Westküste Dänemarks entstand im 8. Jahrhundert an der schiffbaren Au, inmitten einer reichen bäuerlichen Umgebung mit äußerst günstigen Seefahrtsmöglichkeiten nach Friesland, ins Rheingebiet und nach England. Das Handwerk in Ribe mit der Produktion von Bronzeschmuck, Glasperlen und Kämmen war schon früh ein wichtiger Wirtschaftszweig. Der Missionar Ansgar gründete in Ribe eine christliche Gemeinde, 948 wurde es Bischofssitz. Seine größte Blüte erreichte es im Mittelalter nach 1100 als Exporthafen für Pferde und Rinder. Zu der Zeit war es die größte Stadt in Dänemark. Heute zählt die Stadt mit dem gut erhaltenen historischen Zentrum etwa 20000 Einwohner.

Der Hafen von Haithabu war in der Wikingerzeit Umschlagplatz für Waren aus West- und Nordeuropa.

Ein Bach durchfloss die Siedlung und konnte anfangs Trink- und Brauchwasser liefern. Das sanft abfallende Ufer war für die flachkieligen Schiffe der Wikingerzeit ein geeigneter Landeplatz, bevor der Hafen mit Landebrücken ausgebaut wurde. Schon früh hatte es sich unter den Kaufleuten herumgesprochen, welch ausgezeichneter Rastplatz dieser „Ort auf der Heide" (dänisch „Hedeby") war und wie bequem man dort Waren im Ost-West-Handel umschlagen konnte.

BIRKA

Birka in Schweden entstand um 750 auf der Insel Björkö im Mälarsee (links). Es war der Transithafen auf den Fernhandelsrouten zwischen Ost und West und zugleich ein Zentrum für das Kunsthandwerk. Während seiner Blütezeit um 850 war Birka eine reiche Stadt mit etwa 900 Einwohnern, die enge wirtschaftliche und kulturelle Kontakte nach Westeuropa, vor allem nach Haithabu und über die russischen Flüsse nach Konstantinopel und bis in den Orient unterhielten. Der Missionar Ansgar besuchte Birka im 9. Jahrhundert und durfte dort eine Kirche bauen. Um das Jahr 970 wurde Birka – vielleicht aus verkehrstechnischen Gründen – aufgegeben.

DraKKar

Der dänische König erkannte früh, dass eine königliche Münzwährung eine gute Einnahmequelle sein müsste, und richtete in Haithabu um 825 die erste Münzprägestätte Nordeuropas ein. Aber diese frühen Haithabu-Münzen, wie sie hier zu sehen sind, haben sich lange nicht gegenüber dem bis dahin benutzten „Gewichtsgeld" durchsetzen können.

Wer machte Haithabu zu einem wichtigen Handelsplatz?

Die Entwicklung Haithabus zum bedeutendsten Wikinger-Handelsplatz hat vor allem der dänische König Göttrik (dänisch: „Gudfred"), gestorben 810, gefördert. Göttrik war eine eigenwillige und machtbewusste Herrscherpersönlichkeit und arbeitete ebenso rücksichtslos wie zielstrebig darauf hin, seine Königsmacht zu stärken. Er hatte den Zusammenhang von Macht und Geld begriffen. Wollte er als König zum Beispiel eine schlagkräftige Flotte ausrüsten und unterhalten, um damit seine Macht auszubauen, brauchte er dazu viel Geld. Die benötigten Summen konnten seine Bauern mit ihren geringen Steuerleistungen aus der Landwirtschaft nicht aufbringen, wohl aber die Kaufleute, die im Handel viel größere Gewinnspannen als diese erwirtschafteten. Deshalb mussten die Kaufleute dem König für die Erlaubnis, in seiner Stadt Handel zu treiben, Zölle und Abgaben entrichten. Oftmals war auch eine Klausel vereinbart, nach der dem König die kostbarsten Waren und Luxusgüter zuerst angeboten werden mussten, er also eine Art Vorkaufsrecht ausüben und damit die größten Gewinne selbst machen konnte.

Die Kaufleute waren es also, die den König zum reichen Mann machten. Für sie war der königliche Schutz auch äußerst wichtig. In der Welt der Wikinger wurde bis dahin die Sicherheit des Einzelnen ja nur durch seine Sippe garantiert. Die landfremden Fernkaufleute standen jedoch nicht unter dem Schutz einer bekannten Sippe. Sie galten deshalb beinahe als vogelfrei und waren mit ihrem kostbaren Handelsgut durch Raubmorde besonders gefährdet. Ihre Sicherheit konnte nur der König selbst garantieren. Deshalb erließ er nun Gesetze zu ihrem Schutz, verkündete ein königliches Marktrecht und das Gesetz des unbedingten Marktfriedens. Sodann setzte er als seinen Vertreter am Ort einen hohen Aufsichtsbeamten ein, den Wikgrafen, der streng über die Einhaltung von königlichem Recht und Gesetz wachen musste.

UNTERIRDISCHES ARCHIV

Manches von den Gütern, mit denen man in Haithabu gehandelt hat, ist damals z. B. in den Straßenmorast oder von den Schiffen aus ins brackige Hafenwasser gefallen und unauffindbar verschwunden. Gegenstände aus schwer vergänglichen Materialien aber bleiben im Boden und selbst im Schlick des Hafens bewahrt wie in einer unterirdischen Schatzkammer. Für die Archäologen sind Siedlungsplatz und Hafen von Haithabu, wo über 250 Jahre lang Abertausende von Menschen gelebt und gearbeitet haben, unschätzbare Fundgruben.

Ein arabischer Händler bietet auf dem Markt in Haithabu kostbare Stoffe an.

Welche Handelsgüter haben Haithabu reich gemacht?

Die Archäologen können viele ihrer zahllosen Funde eindeutig als Handelswaren bestimmen: Walrosselfenbein aus Grönland, Speckstein aus Norwegen, Eisenbarren aus Schweden, Gläser und Keramikkrüge aus dem Rheinland, Mühlsteine aus der Eifel, Bergkristall- und Karneolperlen vom Schwarzen Meer sowie Schmuck aus Irland, den baltischen Ländern und von Gotland.

Überreste der gerade für Haithabu wichtigsten Handelsgüter, von denen wir mit Sicherheit aus den Schriftquellen wissen, kann man allerdings im Boden nicht mehr finden, weil sie längst vergangen sind oder sich gar nicht mehr als ehemalige „Waren“ erkennen lassen. Dies sind zum Beispiel Gewürze, Öle, Pelze, Honig, Wachs, Färbemittel für Stoffe und vor allem – Sklaven! Haithabu war nämlich der größte Sklavenmarkt im Ostseeraum! Hierher brachten die Wikinger die von ihnen gefangen genommenen Menschen – Männer, Frauen, Jugendliche und sogar Kinder – und boten sie auf dem Markt als lebenden Sachbesitz, nicht besser als Tiere, zum Kauf an. Zehntausende versklavter Menschen, so schätzt man, wurden von hier aus vor allem in die arabischen Kalifate und nach Byzanz, aber auch nach ganz Skandinavien verkauft.

Haithabu besaß zur Wikingerzeit den größten Sklavenmarkt in Nordeuropa, auf dem selbst der oströmische Kaiser Sklaven kaufen ließ.

Für Archäologen sind Siedlungsplatz und Hafen von Haithabu, das um 1900 wieder entdeckt wurde, wahre Fundgruben.

Wer nannte Haithabu „eine sehr große Stadt“?

Im Jahr 965 kam der arabische Kaufmann At-Tartûschi aus dem spanischen Tortosa nach Haithabu. Der welterfahrene Mann notierte in sein Reisetagebuch, Haithabu sei „eine sehr große Stadt am äußersten Ende des Weltmeeres“. Was für ein Stadtbild wird At-Tartûschi vor sich gehabt haben? War er in eine Stadt mit prächtigen Gebäuden aus Stein und Tausenden von Einwohnern gekommen, wie er sie aus seiner Heimat kannte? Keineswegs! At-Tartûschi sah, dass hier die fensterlosen Häuser allesamt aus Holz erbaut und ihre Dächer mit Grassoden, Stroh oder Reet gedeckt waren. Die Häuserwände bildeten entweder Holzbohlen oder sie waren aus lehmverschmiertem Flechtwerk errichtet, wie überall auf dem Lande die Gehöfte der Bauern. Aber hier sah doch vieles anders aus als in Dorfsiedlungen, die er auf seinen weiten Reisen gesehen hatte. Die Häuser waren viel kleiner als auf dem Lande und hatten oft nur ein oder zwei Zimmer. Es fehlten große Räume und Scheunen für die Lagerung von Futter und Wintervorräten. Nur auf den Hinterhöfen gab es Ställe für Kleinvieh, Schuppen für

Archäologie

Aus der Wikingerzeit gibt es nur wenige Schriftquellen, die Aufschluss geben über die damaligen Lebensumstände. Die umfassendsten Informationen haben Archäologen geliefert, wofür Haithabu eines der besten Beispiele ist. Nachdem man um 1900 den in Vergessenheit geratenen Siedlungsplatz der berühmten Wikingerstadt wieder entdeckt hatte, wurden mehrere große Ausgrabungen in der Siedlung und sogar im Hafen mit immer moderneren und wissenschaftlich verfeinerten Methoden durchgeführt. Sie erbrachten zahllose, z. T. großartige Funde, an deren Auswertung international weit über hundert Wissenschaftler beteiligt sind.

Danewerk und Halbkreiswall von Haithabu

Bereits im 8. Jahrhundert hatte man begonnen, auf der Schleswiger Landenge zur Grenzsicherung nach Süden einen Langwall als Verteidigungsanlage zu errichten. In verschiedenen Baustufen wurde über mehrere Jahrhunderte ein 17 km langes, kompliziertes System von immer stärkeren Wällen errichtet – das Danewerk. Bis ins 19. Jahrhundert bildete es die Grenzbefestigung zwischen Dänemark und Deutschland.

Haithabu wurde in der Mitte des 10. Jahrhunderts durch einen halbkreisförmigen Stadtwall befestigt und durch einen Verbindungswall an das Danewerk angeschlossen. Eine hölzerne Palisadenwand umgab ebenfalls halbkreisförmig den äußeren Hafenbereich, so dass Landwall und Seesperre zusammen einen Verteidigungsring um die Stadt bildeten. Trotz dieser guten Verteidigungsanlagen ist Haithabu mehrfach erobert und schließlich zerstört worden. 1050 verbrannten norwegische Wikinger die Stadt, 1066 wurde die gerade wieder aufgebaute Siedlung von slawischen Truppen erneut verwüstet. Die Überlebenden haben danach die Stadt nicht wieder aufgebaut, sondern sich auf das gegenüberliegende Schleiufer zurückgezogen.

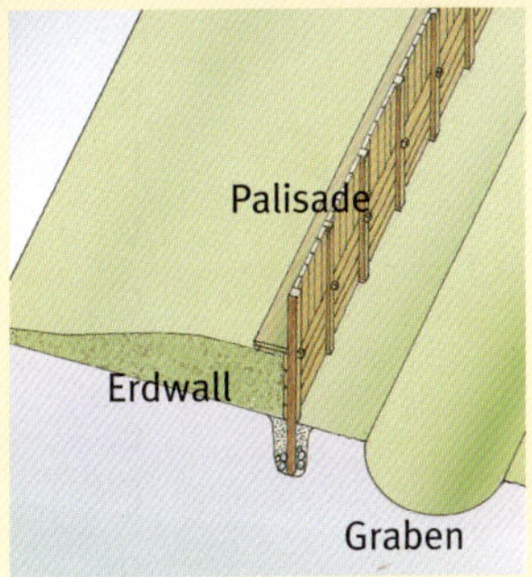

Ältester Abschnitt des Danewerks, das im Laufe der Zeit mehrfach ausgebaut wurde.

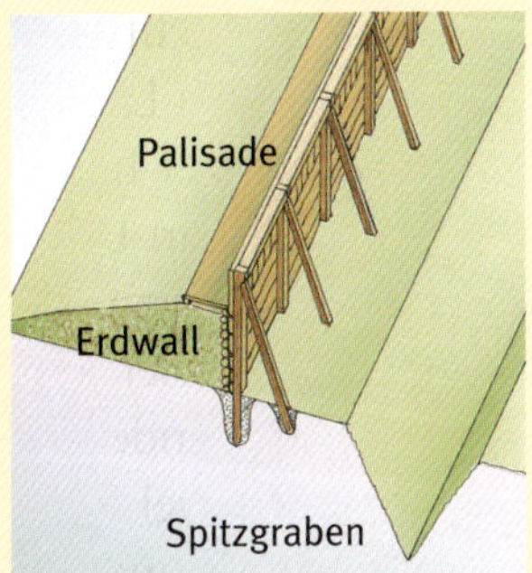

Der Kograben des Danewerks.

Gerätschaften und viele Brunnen. Nur wenige Häuser waren komfortabler mit drei Räumen ausgestattet, einem Wohnraum, einem Handwerkerraum und einem Stallteil für die Tiere.

Alle Häuser lagen dicht gedrängt mit der Giebelseite zum holzgepflasterten Weg. Man hatte wohl einen festen Bebauungsplan eingehalten, den jemand von Anfang an festgelegt haben musste. Durch die Siedlung führten mit Holzbohlen belegte Wege. Das Wegenetz schien sich demselben Bebauungsplan einzufügen. Neben dem Markt gab es ein Handwerkerviertel. An der geschäftig belebten Hafenseite lagen Werkstätten, Lagerhäuser und Werften. In den Hafen hinein hatte man an die zwanzig bis zu 80 Meter lange Landestege gebaut, an denen viele Schiffe festgemacht hatten. At-Tartûschi sah den mächtigen Stadtwall und die starke, bogenförmige Hafenpalisade. Nein, dies alles passte nicht zu einem noch so großen Dorf! Das „hölzerne" Haithabu war schon eine richtige, in dieser menschenarmen Region mit seinen 1 500 ständigen Bewohnern eine „große", und zwar „internationale" Stadt, denn hier lebten Dänen, Friesen, Sachsen, Slawen, Norweger, Schweden und Angelsachsen friedlich zusammen, betrieben ihre Handelsgeschäfte oder arbeiteten als Handwerker.

Modell eines „komfortablen" Hauses aus Haithabu mit drei Räumen (Wohn-,Stall- und Gewerbe-Haus).

Haithabu war in der Wikingerzeit ein multikultureller Handelsplatz, zu dem Kaufleute aus aller Welt kamen, um friedlich miteinander Handel zu treiben.

Gute Waffen galten in der Wikingerzeit als beste Lebensversicherung. Tüchtige Waffenschmiede waren bereits hochspezialisierte Handwerker.

Wie entwickelte sich das Handwerk in der Wikingerzeit?

Überall auf dem Lande war es während der Wikingerzeit noch üblich, die benötigten Gebrauchsgegenstände in der Hausgemeinschaft selbst herzustellen. Als Spezialhandwerker brauchte die Landbevölkerung nur den Schmied. In den neu entstehenden Städten lebten nun aber wohlhabende Kunden, die qualitätvollere und schönere Gebrauchsgegenstände als die selbst gemachten wünschten und diese auch bezahlen konnten, wenn sie zu bekommen waren. Damit ergaben sich ganz neue Möglichkeiten für spezialisierte Handwerker, wenn sie in die Stadt gingen und dort arbeiteten. Sie konnten ihre Produkte den Stadtbewohnern und darüber hinaus auch den Reisenden und Händlern anbieten, die auf dem städtischen Markt nicht nur verkauften, sondern sich auch selbst mit neuer Ware für ihre Kundschaft versorgten. Somit ließ

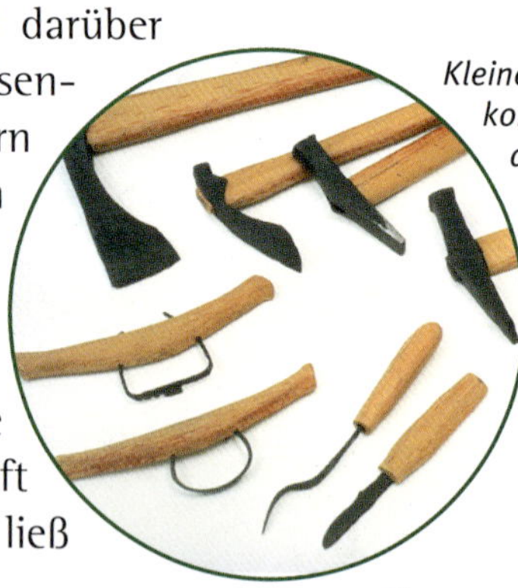

Kleine Auswahl (Rekonstruktion) aus der kompletten Werkzeugkiste eines wikingerzeitlichen Handwerkers (gefunden auf Gotland, Schweden).

Eleganter Holzschlitten aus dem Grab der Königin Aasa von Oseberg.

Kunststile

Die Produkte der Kunsthandwerker zeigen eine große Vielfalt der Ornamentik, die sich in der Zeit von 800 bis 1100 immer wieder veränderte. Es gab drei Grundformen: das Tierornament, das Pflanzenornament und das geometrische Ornament. Bei den Ornamenten mussten auch die kleinsten Einzelheiten mit der größten Sorgfalt ausgeführt werden. Das Lieblingsornament der Wikinger war das Greiftier, eine Mischung aus Löwe, Schlange und Drache, immer in Bewegung, unheimlich, kraftvoll gewandt, ein passendes Symbol für das Lebensgefühl der Wikinger. Die Tierbilder sind immer spannungsvolle und zugleich harmonische Kompositionen, die unterschiedlichen Kunststilen angehören. Die Kunststile sind nach den verschiedenen Erscheinungsformen des Greiftieres und dem jeweiligen Fundort benannt.

Jellingstil

10. Jahrhundert, Fundort Jelling in Dänemark; schlangenartig langgestreckte Tiere.

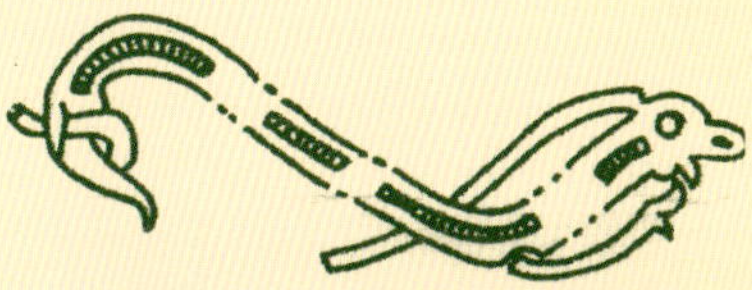

Streitaxt mit kostbarer Einlegearbeit aus Goldblech und Silberdraht (Mammenaxt)

Mammenstil

Spätes 10. bis frühes 11. Jahrhundert, Fundort Mammen in Dänemark; Tiere mit weit geöffnetem Rachen, rankenartiger Zunge und fächerförmigen Spiralen an Kopf und Schwanz.

Urnesstil

Mitte 11. Jahrhundert, Fundort Urnes, Norwegen; letzter wikingischer Tierstil, schlanke, anmutig grazile Tiere mit spitzem Kopf.

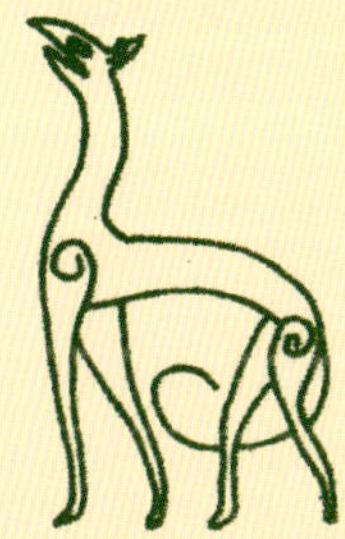

Silberkelch aus Jelling

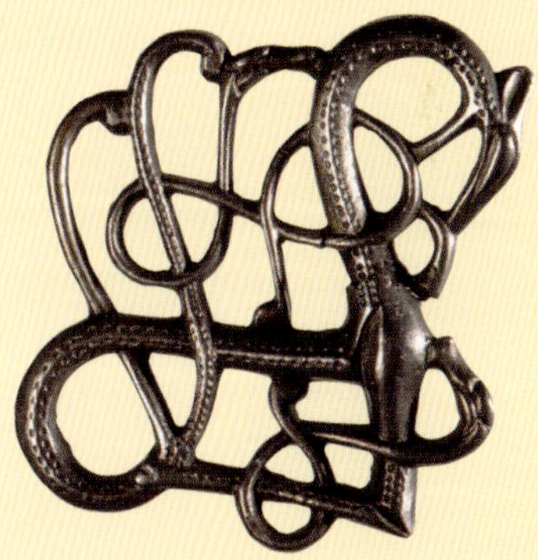

Silberne Brosche im Urnesstil

Der kleine Drachenkopf auf dieser Gussform aus Birka hatte als Vorbilder wohl die Drachenköpfe von Schiffssteven. Gussformen wie diese ermöglichten serienmäßige Schmuckherstellung.

sich in der Stadt mit guter Handwerksarbeit gutes Geld verdienen.

Handelszentren wie Birka, Ribe und Haithabu zogen die Handwerker geradezu magnetisch an. Es entstanden dort immer mehr spezialisierte Handwerkszweige. Die Kammmacher stellten aus den Rohmaterialien Geweih oder Knochen die schönsten Kämme, Haarnadeln, Messergriffe, Würfel und Spielsteine her. Die Bernsteinschleifer fertigten aus Bernstein und tief schwarzem Gagat (Pechkohle) Perlen, Anhänger und andere Schmuckstücke. Glasmacher konnten die vielfältigsten Formen von Glasperlen für Schmuckketten erzeugen, dazu Gläser und Glasgegenstände wie Spielsteine und „Glättgläser" zur Pflege feiner Textilien. In den Städten arbeiteten Grob- und Feinschmiede, Goldschmiede und Glockengießer, Holzschnitzer, Drechsler, Gerber, Textilfärber und natürlich Schiffbauer. Viele dieser Handwerker sind wahre Meister ihres Faches gewesen.

Für manche ist die Wikingerzeit so etwas wie die „gute alte Zeit", in der die Menschen noch in Einklang mit der Natur lebten, sich natürlich ernährten und kleideten, keine Zivilisationskrankheiten kannten, keine Umweltsünden begingen und deshalb auch nicht unter Umweltschäden litten. Fast nichts davon ist richtig.

Führten die Menschen in Haithabu ein gesundes Leben?

Während wir heute eine durchschnittliche Lebenserwartung von etwa 80 Jahren haben, wurden die Menschen damals nicht alt. Nur ein kleiner Teil der Bevölkerung erreichte überhaupt ein Lebensalter von 30, höchstens 40 Jahren, die meisten starben schon im Alter zwischen 20 und 30 Jahren. Die Kindersterblichkeit war enorm hoch und sehr viele Säuglinge überstanden die ersten Lebenswochen nicht. Das alles lag an den harten und kargen Lebensverhältnissen, den täglichen Strapazen, der mangelnden Hygiene und dem geringen medizinischen Wissen. Gegen Infektionskrankheiten gab es keine Hilfe, chronische Krankheiten konnte man nicht behandeln, und wer kariöse Zähne hatte, musste sich lebenslang auf das damit verbundene Leiden einstellen. Kälte, Nässe, mangelhafte Kleidung und die verräucherte Luft in den Häusern setzten den Menschen zu. Unterernährung durch immer wiederkehrende Missernten und die darauf folgenden Hungersnöte schwächten ihre Widerstandskraft. In einer Stadt wie Haithabu, wo viele Menschen und Tiere auf engem Raum zusammenleben mussten, vermehrte sich alles Ungeziefer gewaltig. Müll, tierischer Mist, Kot und Urin, Abfälle aller Art brachte man nicht vor die Stadt, sondern schichtete alles einfach neben die Häuser auf große Misthaufen – unvorstellbar, der ständige Gestank und Lärm, in dem die Menschen dort gelebt haben! Wie sehr sie von Läusen geplagt wurden, beweisen uns die unzähligen Kämme, die bei den Ausgrabungen gefunden wurden. Der Kamm war das wichtigste Hygieneinstrument, die unverzichtbare „Waffe" im täglichen „Kampf" gegen die Kopflaus!

Als kaum mehr Platz für den Müll in der Siedlung war, kippte man den meisten Abfall von den Schiffbrücken in den Hafen, ohne zu bedenken, dass durch diese „Müllverklappung" dort die ohnehin geringe Wassertiefe mehr und mehr abnahm, bis größere Schiffe hier nicht mehr anlegen konnten. Man zerstörte so zusätzlich die wirtschaftliche Lebensgrundlage der Stadt, die auf den Schiffsverkehr angewiesen war, und damit zugleich die eigene. War die Wikingerzeit wirklich eine „gute alte Zeit"?

TOTENGEDENKEN

Die Wikinger kannten auch den Brauch, Verstorbenen einen Gedenkstein mit einer Runeninschrift zu setzen. Überall in Skandinavien kann man noch heute solche Runensteine finden. Es gibt verschiedene Typen, einige zeigen nur die Runenschrift, auf anderen zieht sich die Schrift im schlangenartig gewundenen Körper eines Fabeltiers über den Stein. Auf Gotland und in Schweden finden sich Steine mit bildlichen Darstellungen. Zumeist werden Stand und Beschäftigung des Toten genannt, welche Reisen er unternommen hat und wo er umgekommen ist. Auftraggeber konnten Verwandte sein, ein Freund oder – was besonders ehrenvoll war – ein König.

Die Kammherstellung erforderte erhebliches handwerkliches Können. Kämme wurden von spezialisierten Handwerkern nach standardisierten Methoden hergestellt, was die Ähnlichkeit der Kämme erklärt. Als Material benutzte man Geweih von Hirsch, Elch oder Rentier, das gesammelt wurde.

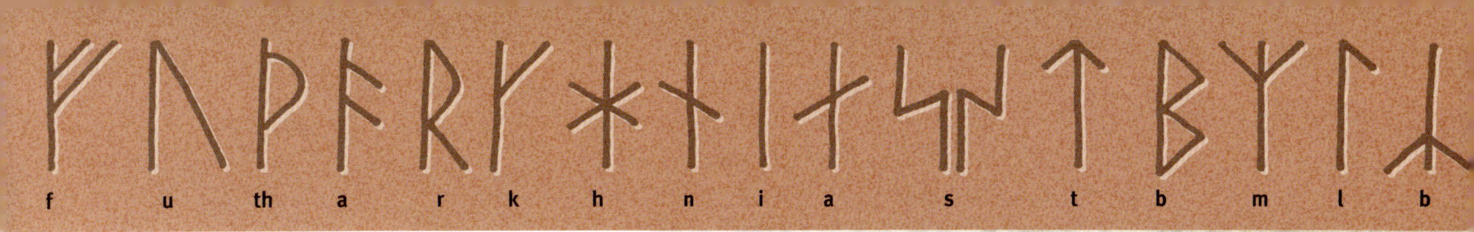

Das Runenalphabet der Wikingerzeit (die „Jüngere Runenreihe“) umfasste 16 Zeichen. Nach den ersten sechs Runen wird es „futhark“ genannt.

RUNENSTEINE

Einen der berühmtesten Runensteine, den Skarthi-Stein von Haithabu, ließ der dänische König Sven Gabelbart für einen seiner ranghöchsten Gefolgsleute errichten, der im Kampf um Haithabu gefallen war. Der Runentext lautet: „König Sven setzte diesen Stein für Skarthi, seinen Gefolgsmann, der nach Westen gefahren war, aber nun den Tod fand bei Haithabu“.

Wofür benutzten die Wikinger ihre Runenschrift?

Die Wikinger hatten zwar keine Buchkultur, sie waren aber auch keine Analphabeten, sondern hatten eine eigene Schrift. Ihre Schriftzeichen heißen Runen. Zur Wikingerzeit waren sie schon viele Jahrhunderte alt. Das Wort „Rune“ bedeutet soviel wie „Geheimnis“. Ursprünglich sind die Runen wohl nur für magische Zwecke benutzt worden. Auch in der Wikingerzeit glaubte man noch an geheimnisvolle Kräfte der Runen und nutzte sie als zauberkräftige Zeichen, um Verborgenes oder Zukünftiges zu erfahren. Runenzauber gab es zur Beeinflussung des Wetters, der Saat, der Liebe, der Gesundheit und vielem mehr.

Das Runenalphabet hat 16 Zeichen, nach den Anfangsbuchstaben „futhark“ genannt. Jede Rune hat sowohl einen Namen als auch einen Lautwert. Die erste Rune hat den Namen „fehu“ = Vieh und den Lautwert f. Da man mit nur 16 Zeichen nicht alle Laute der Sprache schreiben konnte, sind Runentexte heute oftmals schwer zu lesen. Außerdem galt für die Runenschrift keine festgelegte Schreibrichtung. Man durfte Runen von links nach rechts oder sogar auf dem Kopf stehend schreiben. Runen wurden auf Amulette, Waffen und Kämme geritzt, auf den Türsturz der Häuser oder in Schiffssteven geschnitzt.

Im Alltagsleben benutzten die Wikinger die Runenschrift für vielerlei Mitteilungen. Man schrieb allerdings nicht auf Papier, sondern schnitt die Mitteilungen in kleine längliche Holzstäbchen ein. Dies war sehr praktisch, weil man dazu nur ein Messer und geeignete Zweige von einem Baum in der Nähe brauchte. Die Mitteilungen mussten allerdings – wie heutige SMS – sehr kurz sein. Hunderte solcher Holzstäbchen, so genannte „rúnakefli“, wurden bei Ausgrabungen gefunden. Sie enthalten Kaufverträge, königliche Verordnungen und sogar Liebesbriefe aus der Wikingerzeit.

Bild Mitte: Runengraffito in der Hagia Sophia, Istanbul, Türkei. Oben: Kammbehälter mit Aufschrift: „Einen guten Kamm machte Thorfastr“. Unten links: Runeninschrift „kysmik“ („Küss mich“). Unten rechts: „Besitzermarke“, Trondheim, frühes 12. Jh., „Siegmund gehört dieser Sack“.

Wie bestatteten die Wikinger ihre Toten?

Viele wichtige Informationen über die Wikingerzeit hat die Untersuchung von Gräbern und Gräberfeldern erbracht. Für die heidnischen Wikinger bedeutete der Tod nicht das Ende alles Vertrauten und aller Freude, sondern galt als der Übergang in eine andere Welt. Die Verstorbenen sollten im Jenseits von den Dingen umgeben sein, die ihnen auch dort nützlich sein könnten. Daher wurden sie in ihrer besten Festtagskleidung bestattet und man gab ihnen wichtige Gegenstände ihres persönlichen Besitzes mit ins Grab, den Männern Waffen und Trinkgeschirre, den Frauen Schmuck, aber auch Messer und Schlüssel. Je kostbarer die Grabausstattung, desto höher war der gesellschaftliche Rang der Toten. Fürsten und Königen war es vorbehalten, sogar mit einem Schiff für die Reise ins Jenseits ausgestattet zu werden. Ein Beispiel ist die Königin, die in Oseberg mit einem Prunkschiff und kostbarsten Haushaltsgegenständen bestattet wurde, ein anderes der König, der mit einem 18 Meter langen Kriegsschiff im „Bootkammergrab" bei Haithabu beigesetzt wurde. Als Begleiter wurden mit ihm zwei Männer bestattet, alle drei mit kostbaren Waffen und einem eigenen Pferd.

In Lindholm Høje (Nordjütland) befindet sich der größte Friedhof aus der Wikingerzeit.

Es gab zwei Bestattungsformen, die Körperbestattung und die Leichenverbrennung. Bei dieser wurde die Asche des Toten in einer Urne gesammelt und dann mit Steinen oder einem Erdhügel überdeckt.

Die Gräber der Armen und Sklaven waren meist beigabenlos. Den christlich gewordenen Wikingern wurden keine Grabgeschenke mehr mitgegeben.

Auf einem solchen Bett (hier eine Rekonstruktion) hatte man die Königin auf dem Osebergschiff bestattet.

Schiffe und Bestattung

Auf Schiffen – so glaubten die Wikinger – würden die Toten in die jenseitige Welt überführt. Während königlichen Personen ein eigenes Schiff bei der Bestattung mitgegeben werden konnte, finden sich auch Friedhöfe mit Gräbern, die von schiffsförmigen Steinsetzungen (links) umgeben sind. Offenbar glaubte man, der Tote besitze die magische Kraft, das symbolische steinerne Schiff in ein wirkliches zu verwandeln, damit es ihn zu seinem Zielort bringen könne.

← Thor

In Russland hat der Araber Ibn Fadlan die Feuerbestattung eines Wikingerfürsten erlebt und wie auf diesem Bild dargestellt beschrieben.

Wie wurden die Wikinger zu Christen?

Auf ihren Reisen begegneten die Wikinger auf vielerlei Weise dem Christentum. Von ihren Raubzügen in den Westen Europas brachten sie nicht nur christliche Kultgegenstände und Kunstschätze mit in ihre Heimat, sondern auch christliche Sklaven. Im Westen lernten sie Christen der römisch-katholischen Kirche, im Osten Christen der griechisch-orthodoxen Kirche kennen, die unterschiedliche Gottesdienste abhielten. Überall aber sahen sie, wie reich und mächtig die christliche Kirche war und glaubten daher ohne weiteres, dass der Christengott ein starker und mächtiger Beistand sein müsse. Da die Wikinger recht tolerant und vor allem praktisch und auch geschäftstüchtig dachten, waren sie durchaus daran interessiert, sich den Beistand des neuen kraftvollen Christengottes zu sichern.

Schon zur Mitte des 9. Jahrhunderts begann eine Zeit des Übergangs vom germanischen Götterglauben zum Christentum und einer Glaubensmischung, die man „Synkretismus“ nennt. Viele Kaufleute nutzten das Angebot einer vorläufigen Taufe, der so genannten „Primsignierung“, bei der sie nur über den christlichen Glauben belehrt und gesegnet wurden. Damit konnten sie am Gottesdienst teilnehmen und mit christlichen Kaufleuten verkehren.
Die Gebote des Christentums waren für die Wikinger schwer zu begreifen. Statt an viele Götter sollten sie nur noch an einen Gott glauben, der sowohl Vater, Sohn und Heiliger

Auf dem Kruzifix von Åby ist Christus als siegreicher König mit Krone dargestellt.

Der silberne Kreuzanhänger aus Birka (um 900) ist die älteste Christusdarstellung aus Skandinavien.

Die christlich gewordenen Wikinger bauten große Holzkirchen in ihrer Heimat („Stabkirche“ von Heddal, Norwegen).

Ansgar – Apostel des Nordens

Der Benediktinermönch Ansgar erhielt um 826 vom Papst den Auftrag, als Missionar nach Schweden und Dänemark zu gehen. Obwohl dies ein schwieriges Unternehmen war, ließ Ansgar sich nicht von seiner Aufgabe abbringen. 830 ging er nach Birka, durfte dort eine Kirche bauen und eine christliche Gemeinde gründen. Trotz einiger Rückschläge konnte er 849 auch in Haithabu und 854 in Ribe eine Kirche errichten. Ansgar wurde nach seinem Tod 865 heilig gesprochen und erhielt den Beinamen „Apostel des Nordens“.

Handwerker arbeiteten sowohl für Christen als auch für Heiden. Das zeigt diese Gussform für zwei Kreuze (links) und einen Thorshammer (rechts).

Geist war, dazu an die Unsterblichkeit der Seele und das Jüngste Gericht, an dem man für die guten und bösen Taten belohnt oder bestraft werden würde. Christus war kein Heldenkönig, sondern ausgezeichnet vor allen Menschen durch seinen Leidensmut. Als Christ musste man dem Priester regelmäßig Kirchensteuer bezahlen, und zwar ein Zehntel des Verdienstes, was viel war, und jeden Sonntag die Heilige Messe in einer Kirche besuchen. Da für Christen alle Menschen vor Gott

Der große Runenstein, den Harald Blauzahn in Jelling errichten ließ, zeigt den gefesselten Christus.

gleich waren, sollten die christlichen Toten ohne alle Beigaben bestattet werden und die Sklaverei war ganz und gar verboten. Blutrache für ein getötetes Sippenmitglied zu nehmen, war für Christen keine ehrenvolle Handlung, sondern eine schwere „Sünde". Dieser Begriff war für die Wikinger gänzlich neu, ihn zu verstehen überhaupt das Allerschwerste am Christentum!

Die Christianisierung machte erst dann große Fortschritte, als es im 10. Jahrhundert den Nachfolgern Ansgars gelang, die Könige und Fürsten Skandinaviens zum Christentum zu bekehren. Nach ihrem Vorbild richtete sich das Volk und nahm nach und nach den gleichen Glauben an wie seine Herrscher. Mit der Taufe des berühmten dänischen Königs Harald Blauzahn im Jahre 985 begann die Christianisierung ganz Dänemarks. Um 1030 war Norwegen endgültig christlich geworden, fast hundert Jahre später jedoch erst Schweden. Es wurden Bistümer, Klöster und Pfarrbezirke gegründet, die lateinische Schrift kam nach Skandinavien und mit ihr die Buchkultur. Viele neue Lebensregeln und Gesetze wurden eingeführt, die das Königtum stärkten. Damit war der Norden ein Teil Europas geworden. Jetzt begann auch in der Heimat der Wikinger das christliche Mittelalter. Die große Zeit der Wikinger war vorbei.

Glaubensgemisch

Über den isländischen Landnehmer Helgi Eyvindarsson wird berichtet: „Er war in seinem Glauben sehr gemischt. Er glaubte an Christus, aber betete auf Seereisen und in schwierigen Situationen zu Thor."

Die Christianisierung Islands ging beispielhaft friedlich und demokratisch vor sich: Im Jahr 1000 fasste das Althing klug den offiziellen Beschluss: Damit Friede im Lande herrsche und kein Streit sei zwischen den Anhängern verschiedener Religionen, sollten alle Isländer Christen werden und wer noch nicht getauft sei, solle das nachholen. Es sollte aber jedem, der es wolle, erlaubt sein, privat und im Geheimen die alten Götter weiter zu verehren.

Essenspause nach Art der Wikinger. Die Mannschaft der „Saga Siglar", des nachgebauten Skuldelev-Knorrs, beim Kochen am Strand von Grönland.

„Wikinger" unserer Zeit?

Trotz ihres schlechten Rufs in der Geschichte als brutale Gewalttäter umgibt die Wikinger seit jeher auch ein besonderer Glanz. Es gab Zeiten, in denen sie in Skandinavien als ruhmreiche Abenteurer und Nationalhelden, in Deutschland als glorreiche nordische Vorfahren wieder entdeckt und verherrlicht wurden. Dies ist lange vorbei. Gleichwohl haben die Wikinger nichts an Beliebtheit verloren, im Gegenteil: auf der ganzen Welt sind sie populärer als jemals zuvor, sogar in den Ländern, in denen sie von jeher nur als Räuber und Plünderer angesehen worden sind. Die Massenmedien haben sie zu international bekannten und beliebten Comic-Figuren, wie „Hägar der Schreckliche", gemacht, der in mehr als 80 Sprachen übersetzt wurde.

Weltweit finden jedes Jahr zahlreiche Wikingertreffen statt.

Angetan mit Kettenhemd und Hörnerhelm, das mit Met gefüllte Trinkhorn zur Hand, so segelt der Comic-Wikinger auf seinem Drachenschiff über das Meer. Der Comic-Wikinger ist zum Antihelden geworden.

In den skandinavischen Ländern, in England, Frankreich und den USA werden Jahr für Jahr Wikinger-Festivals und Wikinger-Messen als große Volksfeste veranstaltet, meistens von „Wikinger"-Vereinen, die überall entstanden sind.

Hägar erobert die Welt.

Auf „Wikinger-Märkten" wird von Schmuck bis hin zu Lebensmitteln alles angeboten, was die Wikinger angeblich gehabt haben. Außer diesen „Events" gibt es jedoch auch ernsthafte Projekte. Als Beispiel experimenteller Archäologie wird etwa ein Wikingerschiff von einer Gruppe junger Leute nachgebaut, die sich auf diese Weise genaue Kenntnisse über den wikingerzeitlichen Schiffbau erwerben wollen. Das Thema „Wikinger" scheint immer noch unerschöpflich zu sein.

Die Wikinger auf einen Blick

Skandinavien		Übriges Europa
Fahrten der Dänen, Norweger und Schweden auf dem Wasserweg	793	Überfall auf das Kloster Lindisfarne
	800	Kaiserkrönung Karls des Großen
Entstehung der Handelsplätze Kaupang und Birka	800	
Beginn des Ausbaus von Haithabu	808	
	820	Waräger in Russland
		Beginn des Wikingerstaates in Irland (bis 1014)
	845	Eroberung von Paris/Zerstörung von Hamburg
	860	Angriff der Rus auf Konstantinopel
	871–899	Alfred der Große König von Wessex in England
Beginn der Kolonisierung Irlands durch norwegische Wikinger	874	Beginn der dänisch-norwegischen Kolonisierung im Danelag
	878–888	Das „Große Heer" zerstört Teile des Frankenreiches
	885–886	Paris wird von den Wikingern belagert
	891	Ende des „Großen Heeres" durch Hungersnöte und Seuchen
	911	Rollo wird Herzog der Normandie
Christianisierung Dänemarks durch Harald Blauzahn	965	
Bau großer Militärlager in Dänemark	um 980	
Erik der Rote besiedelt Grönland	985/86	
	988	Abkommen mit Russland
		Gründung des Warägerschutzes in Konstantinopel
Sven Gabelbart König von Dänemark	986–1014	
Olav Tryggvasson wird Christ	994	
Vereinigung Norwegens durch Olav Tryggvasson	995	
Leif Erikssons Fahrt nach Vinland	1000	
Entdeckung Amerikas		
Island nimmt das Christentum als offizielle Religion an		
Tod Olav Tryggvassons		
Knut der Große	1016–35	
Großdänisches Nordseereich		
Der norwegische König Olav der Heilige fällt in der Schlacht bei Stiklestad	1030	
	1050	Zerstörung von Haithabu durch Harald den Harten von Norwegen
	1066	Sieg König Harolds von England über Harald den Harten bei Stamfordbridge: Sieg des Normannenherzogs Wilhelm über König Harold bei Hastings; Wilhelm wird König von England
	1061–91	Normannen besiegen Araber in Apulien und erobern Sizilien

Index

WAS IST WAS
BAND 74
Natur-katastrophen

WAS IST WAS
BAND 75
Fahnen und Flaggen
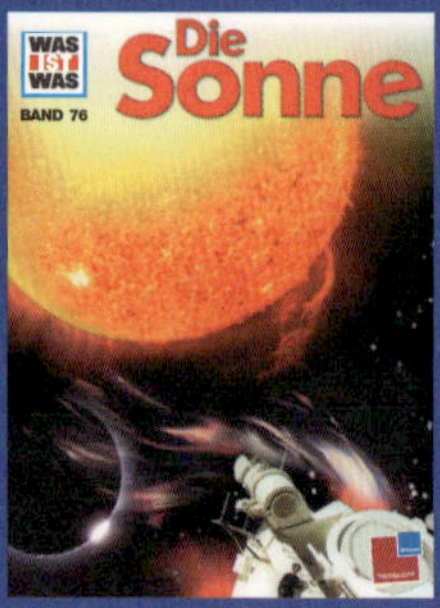
WAS IST WAS
BAND 76
Die Sonne

WAS IST WAS
BAND 77
Tierwanderungen
Tessloff

WAS IST WAS
BAND 78
Geld

WAS IST WAS
BAND 79
Moderne Physik

WAS IST WAS
BAND 86
Elefanten
Tessloff

WAS IST WAS
BAND 87
Türme und Wolkenkratzer
Tessloff
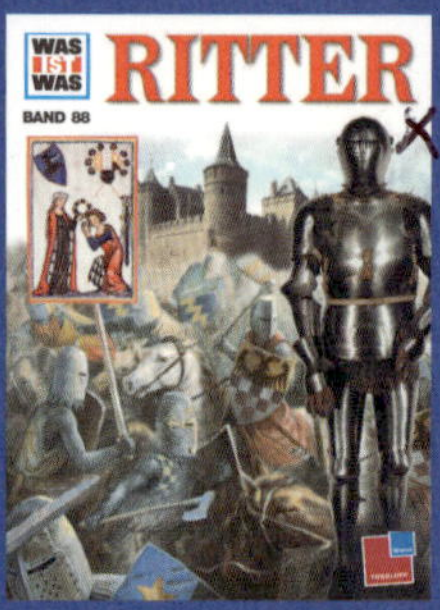
WAS IST WAS
BAND 88
RITTER

WAS IST WAS
BAND 89
Menschenaffen
Tessloff

WAS IST WAS
BAND 90
Der Regenwald

WAS IST WAS
BAND 91
Brücken und Tunnel

WAS IST WAS
BAND 98
Kriminalistik

WAS IST WAS
BAND 99
Sternbilder und Sternzeichen

WAS IST WAS
BAND 100
MULTIMEDIA
und virtuelle Welten
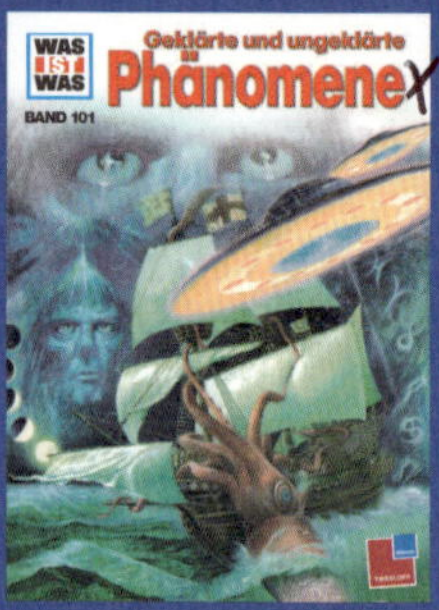
WAS IST WAS
BAND 101
Geklärte und ungeklärte Phänomene

WAS IST WAS
BAND 102
Unser Kosmos
An den Grenzen von Raum und Zeit

WAS IST WAS
BAND 103
Demokratie
Tessloff

WAS IST WAS
BAND 110
Tiere im Zoo

WAS IST WAS
BAND 111
Die Gene

WAS IST WAS
BAND 112
Fernsehen
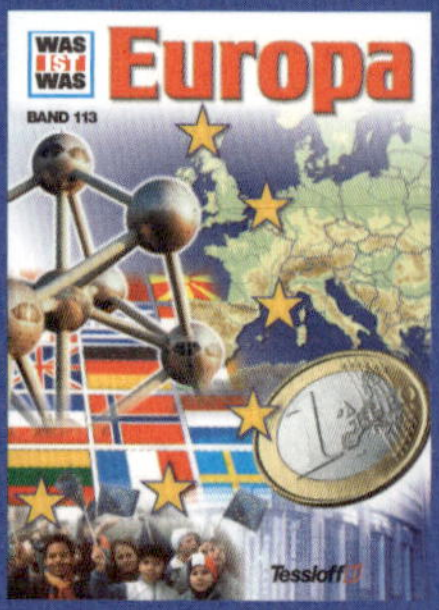
WAS IST WAS
BAND 113
Europa
Tessloff
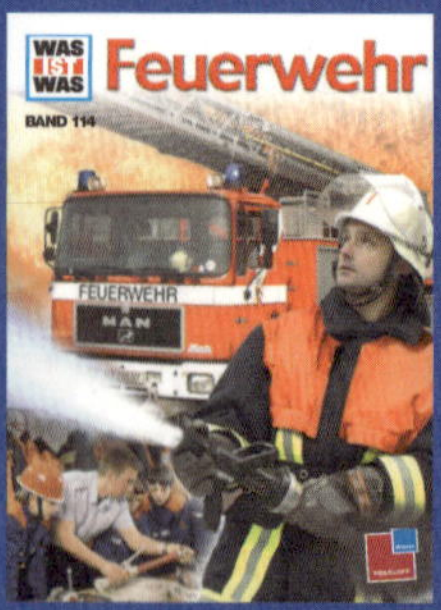
WAS IST WAS
BAND 114
Feuerwehr
FEUERWEHR

WAS IST WAS
BAND 115
Bären
Tessloff